COLLECTION GÉNÉI

DES DÉCRETS RENDUS

PAR

L'ASSEMBLÉE NATIONALE,

ET

SANCTIONNÉS OU ACCEPTÉS PAR LE ROI.

IVᵉ. PARTIE.

A PARIS,

Chez BAUDOUIN, Imprimeur de L'ASSEMBLÉE
NATIONALE, rue du Foin Saint-Jacques, N°. 31.

❧ LA ❧ LOI ❧ ET ❧ LE ❧ ROI. ❧

DÉCLARATION

DU ROI,

Pour sanctionner & faire exécuter divers arrêtés de l'Assemblée Nationale, concernant la sortie & la circulation des grains.

Donnée à Versailles, le 27 Septembre 1789.

LOUIS, par la grace de Dieu, Roi de France & de Navarre : A tous ceux qui ces présentes Lettres verront SALUT. L'Assemblée Nationale, partageant notre sollicitude & nos alarmes sur la cherté des grains & les difficultés qu'éprouve leur circulation dans l'intérieur du Royaume, a cru devoir décréter diverses dispositions par ses Arrêtés des vingt-neuf Août dernier & dix-huit Septembre présent mois, qu'elle nous á supplié de sanctionner : A ces CAUSES & autres à ce nous mouvant, de l'avis de notre Conseil, & de notre certaine science, pleine puissance & autorité royale, Nous avons dit, déclaré & ordonné, & par ces présentes signées de notre main, disons, déclarons & ordonnons, voulons & nous plaît ce qui suit :

La vente & circulation des grains & farines seront libres dans toute l'étendue de notre Royaume. Voulons que toute opposition qui y seroit apportée, soit considérée comme un attentat contre la sûreté & la sécurité du Peuple, & que ceux qui s'en rendront coupables, soient poursuivis extraordinairement & punis comme perturbateurs de l'ordre & du repos public.

Recueil de Décrets. IV. Partie.   A

II. Toute exportation de grains & farines, hors du Royaume, sera & demeurera, par provision, défendue, jusqu'à ce que, par Nous, il en ait été autrement ordonné, sous pareille peine, contre les contrevenans, d'être poursuivis extraordinairement & punis comme perturbateurs du repos public.

III. Ceux qui feront transporter des grains & farines dans l'étendue de trois lieues des frontières du Royaume, autres néanmoins que les frontières maritimes, feront tenus d'en faire la déclaration exacte pardevant la Municipalité du lieu du départ, & de fournir bonne & suffisante caution pardevant les Officiers de ladite Municipalité, de justifier dans un délai fixé, de leur arrivée au lieu de leur destination par un certificat de la Municipalité desdits lieux. Voulons que lesdits certificats & procès-verbaux de déclaration soient délivrés sans frais,

VI. Faute de faire la déclaration dans la forme ci-dessus prescrite dans le lieu du départ, les grains, & farines feront saisis, confisqués & vendus ; & les deniers en provenant, déduction faite des frais de vente, feront appliqués au profit des Hôpitaux.

V. Faute de rapporter les certificats & déclarations nécessaires pour constater l'arrivée des grains aux lieux de leur destination, dans le délai fixé par les Officiers Municipaux du lieu du départ, il sera prononcé contre les contrevenans une amende égale à la valeur des grains & farines déclarés, laquelle sera pareillement appliquée au profit des Hôpitaux.

VI. Ceux qui feront transporter des grains & des farines par mer, feront tenus d'en faire la déclaration exacte pardevant la Municipalité du lieu du départ & du chargement, & de justifier de leur arrivée & dé-

chargement au lieu de leur deſtination, par un certificat de la Municipalité deſdits lieux, à peine, comme
deſſus, de ſaiſie, confiſcation ou amende.

VII. La connoiſſance des contraventions prévues par
les articles ci-deſſus, appartiendra aux Juges ordinaires, leſquels y ſtatueront ſommairement & ſans frais.

VIII. Ceux qui auront importé dans le Royaume
des bleds venant de l'étranger, & qui auront fait
conſtater la quantité, la qualité & le dépôt, par les
Municipalités des lieux, auront la liberté de les expor-
ter, ſi bon leur ſemble, en ſe conformant aux règles
& formalités établies pour les entrepôts. Si donnons
en mandement à nos amés & féaux Conſeillers les Gens
tenant notre Cour de Parlement, que ces préſentes ils
aient à faire regiſtrer, même en temps de vacations,
& le contenu en icelles garder, obſerver & exécuter ſelon
ſa forme & teneur, ceſſant & faiſant ceſſer tous troubles
& empêchemens, & nonobſtant toutes choſes à ce
contraires : Car tel eſt notre plaiſir ; en témoin de quoi
Nous avons fait mettre notre ſcel à ceſdites préſentes.
Donné à Verſailles le vingt-ſeptième jour de Septembre,
l'an de grace mil ſept cent quatre-vingt-neuf, & de
notre règne le ſeizième. *Signé*, LOUIS. *Et plus bas*,
Par le Roi, DE SAINT-PRIEST. Et ſcellées du grand
Sceau de cire jaune.

Proclamation du Roi, pour la confection des rôles du Supplément, sur les ci-devant privilégiés, pour les six derniers mois 1789, dans les pays ci-devant connus sous dénominations de pays d'Election.

Du 14 Octobre 1789.

Le Roi ayant sanctionné, par sa Déclaration du 29 Septembre dernier, le Décret de l'Assemblée Nationale sur les Impositions, en date du 26 du même mois, duquel Décret les articles I, II & III portent : Que les rôles des impositions de la présente année 1789, & des années antérieures arriérées seront exécutés & acquittés, en entier, dans les termes prescrits par les Règlemens : que pour les six derniers mois de l'année d'imposition 1789, il sera fait dans chaque Communauté, un rôle de Supplément des impositions ordinaires & directes, autres que les vingtièmes ; dans lesquels rôles, les noms & les biens de tous les privilégiés qui possèdent des biens en franchise personnelle ou réelle, seront compris à raison de leurs propriétés, exploitations & autres facultés, & leur cotisation faite dans la même proportion & dans la même forme qui auront été suivies pour les impositions ordinaires de la même année, vis à-vis des autres contribuables ; & qu'enfin, les sommes provenant de ces rôles de supplément, seront destinées à être réparties, en moins imposé, sur les anciens contribuables en 1790, dans chaque Province. Sa Majesté a jugé instant d'expliquer & prescrire les dispositions nécessaires pour l'éxécution desdits articles I, II & III du susdit Décret, dans les Provinces ci-devant connues sous la dénomination de *Pays d'Élection*, se réfervant Sa Majesté d'y pourvoir de même à l'égard des autres Provinces, dont le régime, fous le rapport de leur administration intérieure ou du mode de leurs impositions, présente des variétés qui exigent des mesures & des dispositions différentes. En conséquence, LE ROI a ordonné & ordonne ce qui suit :

ARTICLE PREMIER.

Les rôles des impositions de toute nature de l'année présente 1789, feront exécutés & acquittés, en entier, dans les termes prescrits par les Règlemens, & toutes les fommes non encore recouvrées fur les rôles des années antérieures à 1789, dont les termes font déja expirés, feront de même acquittées par les contribuables en retard. Ordonne Sa Majesté aux Collecteurs, Préposés & Receveurs particuliers des finances, de faire à cet effet toutes diligences & pourfuites néceffaires dans la forme prescrite par les Réglemens. Fait défenfes à toutes perfonnes de troubler dans leurs fonctions, lefdits Collecteurs & Receveurs particuliers des finances, ainfi que les porteurs de contraintes par eux employés, fous peine de devenir réfponfables, en leur propre & privé nom, du retardement de la perception, & d'être pourfuivis aux termes des Ordonnances. Enjoint Sa Majesté aux Officiers Municipaux & Affemblées municipales, aux Commiffions & Bureaux intermédiaires, aux Tribunaux & Juges des impofitions, de prêter ou faire prêter, auxdits Collecteurs & Receveurs particuliers des finances, toute aide, concours, affiftance & appui néceffaires.

II. Dans celles des Provinces ci-devant connues fous la dénomination de pays d'Election, où il a été établi, en exécution de l'Edit de Juin 1787, des Affemblées provinciales & des Affemblées municipa-

A 3

les , le rôle de Supplément à former fur les ci-devant
Privilégiés , pour les fix derniers mois 1789 , fera fait
dans chaque Communauté , par toute l'Affemblée municipale , laquelle eft compofée des ci-devant Privilégiés
membres nés , & du Syndic & autres Membres électifs de la Municipalité. Continueront toutefois dans les
Provinces de l'Ifle-de-France & de Champagne , les
projets des rôles d'être dreffés par les Commiffaires
aux impofitions , & ils feront enfuite communiqués par
lefdits Commiffaires à l'Affemblée municipale de chaque Communauté avant d'être définitivement expédiés.

III Dans les Provinces du Berry & haute Guienne ,
où il avoit été établi antérieurement des Affemblées
provinciales , mais fans Affemblées municipales , dans
la Province de Dauphiné , & auffi dans les Généralités de Limoges , Bordeaux & la Rochelle , où les impofitions de 1789 ont été réparties comme en Berry ,
haute Guienne & Dauphiné , par les Confuls & Collecteurs , fuivant les formes anciennes : ledit rôle de
Supplément fur les ci-devant Privilégiés , pour les fix
derniers mois 1789 , fera formé par une Affemblée compofée des mêmes ci-devant privilégiés , qui font Membres-nés dans les Affemblées municipales , des Confuls
ou Syndic paroiffial , & des Collecteurs de 1789 , dans
les Provinces où les Collecteurs étoient en même-temps
Affeeurs. Continueront toutefois dans la Généralité de Limoges les projets des rôles d'être dreffés par les Commiffaires
aux impofitions , & ils feront enfuite communiqués par
lefdits Commiffaires à la fufdite Affemblée d'Affeeurs ,
dans chaque Communauté avant d'être définitivement
expé iés.

IV. A l'égard des Villes , ledit rôle de Supplément fera
formé par les mêmes Affeeurs qui auront procédé à
la confection des rôles de 1789 , ou qui y auront con-

couru dans les Provinces où les rôles font faits par des Commiffaires aux impofitions ; auxquels Affééurs fe réuniront le Curé ou le plus ancien des Curés dans les Villes où il y en auroit deux ou trois, ou enfin celui qui aura été choifi dans une Affemblée defdits Curés, s'ils font au nombre de quatre & plus.

V. Dans toutes les Villes, les ci-devant Privilégiés s'affembleront pour députer à la formation dudit rôle de Supplément, un d'entr'eux, fi leur nombre n'excède pas celui de douze ; deux, fi leur nombre eft depuis treize jufqu'à trente & enfin trois, fi leur nombre eft de trente-un & au-delà.

VI. Pour les Villes Archiépifcopales ou Epifcopales, le Syndic de la Chambre eccléfiaftique diocéfaine, ou en fon abfence, un autre Membre député par ladite Chambre, fera de droit, un des Membres ci-dèvant Privilégiés, appeiés à ladite répartition.

VII. Si parmi les Affééurs qui ont procédé ou con-couru à la répartition des impofitions de 1789 dans cha-cune defdites Villes, il s'en trouvoit un ou plufieurs qui fuffent privilégiés, alors les autres Privilégiés ne fe choifiront point d'autres repréfentans à la confection du rôle de Supplément des fix derniers mois 1789, à moins que le nombre de repréfentans qu'ils devroient avoir, aux termes de l'article V précédent, ne fût point complet, auquel cas ils n'auroient de nomination à faire que pour completter ledit nombre.

VIII. Tous les Affééurs défignés par les articles pré-cédens, feront tenus de fe réunir, pour procéder à la confection du rôle de fupplément, au jour qui leur fera indiqué par les Officiers Municipaux, Syndic mu-nicipal ou paroiffial, ou Confuls de Communauté, dans les huit jours au plus tard, à partir de celui où la présente proclamation à eux adreſſée par le Bureau ou Commiſſion intermédiaire, ou par le ſieur Intendant dans les Provinces où il n'y a point d'Aſſemblée provinciale, leur ſera parvenu.

IX. Dans les pays d'impôt perſonnel, où les règlemens, en matière de taille, ont preſcrit de diſtinguer la cotte perſonnelle & la cotte d'exploitation, en procédant aux cottiſations individuelles, la cotte perſonnelle des ci-devant Privilégiés, pour les ſix derniers mois 1789, ne pourra être faite qu'au ſeul lieu de leur domicile; mais ils ſeront impoſés particulièrement par une cotte d'exploitation ſeulement, dans le lieu de la ſituation des domaines, héritages & autres biens-fonds qu'ils auroient fait valoir, en privilége, en 1789.

X. Dans leſdits pays d'impôt perſonnel, chacun des articles du rôle de Supplément des ci-devant Privilégiés, pour les ſix derniers mois 1789, indiquera les nom, demeure & qualité du cotiſé, & les divers détails qui auront ſervi de baſe à ſa cottiſation. A côté deſdits articles, le rôle contiendra le nombre de colonnes néceſſaires, dans la première deſquelles ſera portée la contribution de chacun deſdits ci-devant Privilégiés à l'Impoſition-principale, & dans celles qui ſuivront leur cotte-part dans les autres impoſitions ordinaires; enfin, la dernière colonne contiendra le total de leurſdites contributions, de manière qu'il ne ſoit formé pour ledit Supplément qu'un ſeul & même rôle.

XI. Il ſera auſſi formé dans les villes & communautés franches & abonnées des pays d'Impôt perſonnel, un rôle de ſupplément pour les ci-devant privilégiés y domiciliés, dans lequel rôle leſdits privilégiés ſeront cotiſés proportionnellement pour les ſix derniers mois 1789, a

9

la fubvention ou abonnement. Ne feront toutefois dans
le cas d'être impofés à la Capitation dans ledit rôle de
fupplément pour les fix derniers mois , que ceux qui
n'auront point été cottifés à cette impofition, pour l'année
entière 1789, dans un des rôles de Capitation privilégiée
de la province.

XII. A l'égard des villes tarifées qui acquittoient leur
taille par des droits perçus aux entrées, il n'y fera formé
de rôle de fupplément que pour la Capitation, dans
lequel rôle, au furplus, ne feront point compris, ainfi
qu'il eft expliqué par l'article précédent, ceux des ci-
devant Privilégiés qui fe trouveront déjà cotifés à la Capitation pour l'année entière, dans un des rôles privilégiés
de la province.

XIII. Dans les pays d'Impôt réel, où la Capitation
n'a jamais été un acceffoire de la taille, & eft répartie
par un rôle particulier, il ne fera cependant formé pour
le fupplément à fournir par les ci-devant privilégiés,
pour les fix derniers mois 1789, qu'un feul rôle, lequel
comprendra également plufieurs colonnes, ainfi qu'il a
été expliqué par l'article X précédent, fauf à ne porter
aucune fomme dans la colonne de la capitation pour
les ci-devant privilégiés qui ne feroient point domiciliés
dans la communauté. Réciproquement, fi un ci-devant
privilégié, domicilié dans une communauté, n'y poffé-
doit aucuns fonds nobles, il y feroit cotifé pour les fix
derniers mois de 1789, dans la colonne de la capitation
feulement, à raifon de fes facultés, dans le cas toutefois où il ne feroit pas déjà porté dans un des rôles de
capitation privilégiée de la province, pour l'année entière
1789 ; mais il ne fera point cotifé dans ledit rôle à l'Impofition principale, ni aux impofitions acceffoires d'icelle,
qui ne porte que fur les fonds.

XIV. Ceux des Nobles, Privilégiés, Officiers de justice & Employés des fermes, domiciliés dans les pays d'impôt réel, ou dans aucunes villes ou communautés franches, abonnées ou tarifées des pays d'impôt personnel, qui se trouveront avoir été cotisés à la capitation, pour l'année entière 1789, dans aucun des rôles particuliers de la Province, ci-devant arrêtés au Conseil, ne pourront être cotisés une seconde fois à ladite imposition dans le lieu de leur domicile, pour les six derniers mois 1789.

Mais comme ceux desdits Nobles, Privilégiés, Officiers de justice & Employés des fermes, domiciliés dans les pays d'impôt personnel, quoique déjà imposés à la capitation pour l'année entière 1789, devront l'être encore dans le rôle de supplément des six derniers mois, attendu que cette imposition est un accessoire nécessaire de l'Imposition principale, Sa Majesté veut & entend que, pour les mettre à l'abri de toute surcharge ou double emploi, les quittances de la capitation par eux payée en vertu d'un rôle privilégié pour l'année entière 1789, ou les certificats de retenue de leur capitation sur des gages employés dans les États de finances, pour ladite année 1789, soient reçus pour comptant, au lieu de leur domicile, & non ailleurs, en déduction de la somme totale à laquelle ils se trouveront cotisés dans le rôle de supplément des six derniers mois 1789, & ce jusqu'à concurrence de moitié de la somme portée auxdites quittances & certificats.

XV. Il sera fait pour chaque ville & communauté, trois expéditions du rôle de supplément pour les six derniers mois 1789, sur les ci-devant Privilégiés, lesquelles seront toutes trois adressées par les Officiers municipaux, Syndics d'Assemblée municipale, ou Consuls & Syndics paroissiaux, aux Officiers de l'Élection.

XVI. L'une defdites expéditions fera rendue exécutoire par un des Officiers dudit fiége d'Election, fuivant la diftribution qu'ils fe feront entre eux des communautés & paroiffes de leur reffort ; à laquelle vérification ils feront tenus de procéder dans les trois jours de l'apport defdits rôles, fous peine de radiation des gages, d'interdiction pour trois mois, & de demeurer perfonnellement refponfables du retardement du recouvrement des impofitions. Cette expédition du rôle ainfi vérifiée, fera enfuite remife au receveur ou collecteur ordinaire de chaque ville ou communauté, pour être mife en recouvrement. La feconde expédition fera dépofée au greffe pour minute ; la troifième, fur laquelle il fera fait mention de la date de l'apport du rôle & de celle de fa vérification, fera adreffée par le Procureur du Roi en l'Élection à la Commiffion intermédiaire ou fieur Intendant & Commiffaire départi, dans les provinces où il n'a point été formé d'Affemblée provinciale ni d'Etats provinciaux.

XVII. Les ci-devant Privilégiés qui auront des réclamations à former contre leur cotifation dans aucuns defdits rôles de fupplément pour les fix derniers mois 1789, feront tenus d'adreffer préalablement leurs repréfentations à la Commiffion intermédiaire, dans les provinces où il a été établi des Affemblées provinciales & dans le Dauphiné, laquelle Commiffion intermédiaire y pourvoira par voie de conciliation : pourront enfuite lefdits réclamans fe pourvoir, s'ils le jugent à propos, par la voie contentieufe, devant les Officiers de l'Election, en rapportant & joignant à leur requête le délibéré préalable de la commiffion intermédiaire ; & les Officiers d'Election y ftatueront fommairement, fauf l'appel à la Cour des Aides.

XVIII. Lefdits rôles de fupplément fur les ci-devant

Privilégiés pour les six derniers mois 1789, seront recouvrés par les Collecteurs ordinaires de l'année 1789, & le produit desdits rôles par eux versé, à la déduction de six deniers pour livre, dont deux au profit de la Municipalité pour frais de rôles, & quatre pour leurs taxations, entre les mains des Receveurs particuliers des finances, & par ceux-ci, à la déduction des taxations ordinaires, en celles du Receveur général aussi en exercice pour 1789, lequel à la même déduction des taxations ordinaires, tiendra ladite somme à la disposition de la province, pour être employée en 1790 au soulagement des contribuables ordinaires de ladite province.

XIX. Enjoint Sa Majesté aux Officiers municipaux, Assemblées municipales & autres assemblées d'Asséeurs, dans les pays ci-devant connus sous la dénomination de Pays d'Election, aux Bureaux intermédiaires de Département, Commissions intermédiaires, Intendans & Commissaires départis; aux Officiers des Elections & aux Cours des Aides, de concourir, veiller, s'employer & tenir la main à l'exécution de la présente Proclamation, qui sera imprimée, publiée & affichée par-tout où besoin sera. A Paris, le 14 Octobre mil sept cent quatre-vingt-neuf. *Signé*, LOUIS. *Et plus bas*, par le Roi, DE SAINT-PRIEST.

Instruction publiée par ordre du Roi, relativement à la Contribution Patriotique.

Pour seconder l'empressement des Citoyens à se conformer au Décret de l'Assemblée Nationale, concernant la Contribution patriotique, en date du 6 Octobre 1789, & sanctioné par Sa Majesté le 9 du même mois; & pour obtenir une uniformité propre à accélérer les opérations, il a paru convenable & nécessaire d'indiquer à tous les Habitans & Communautés du Royaume, aux Corps municipaux, Municipalités & autres Assemblées de Communautés, aux Bureaux & Commissions intermédiaires & autres Administrateurs, les formules & autres détails qu'il seroit à propos d'observer pour la réception des déclarations, leur rédaction, la confection des rôles, & le versement des sommes qui seront recouvrées.

1.º Les Officiers municipaux & Assemblées municipales des Villes & Communautés, & à défaut de Municipalités rurales dans quelques provinces, les Assemblées qui se formeront dans chaque Communauté, en exécution de la Proclamation du Roi du 16 Octobre 1789, pour l'assiette des impositions de 1790, dresseront, sans délai, une liste de toutes les personnes ayant leur principal domicile dans leur ville ou Communauté. Cette liste contiendra seulement les noms & qualités desdites personnes domiciliées & résidantes, & sera intitulée, conformément au modèle coté (A), joint à la présente Instruction.

2.º Dans les Villes où la population sera nombreuse, cette liste sera formée par paroisses, quartiers ou tel autre arrondissement, division & subdivision qui seront jugées plus convenables par les Officiers municipaux.

3.º Cette lifte ainfi formée, fera affichée, pendant huit jours, à l'entrée de l'Eglife paroiffiale, ou de tous autres bâtimens publics, qui, pour les grandes Villes, feront défignés par les Officiers municipaux, pour chacune des divifions adoptées.

4.º Dans le cours de ces huit jours, feront ajoutés fur la lifte les noms des perfonnes qui y auroient été omifes, & de celles qui demanderont à y être infcrites. Enfin, il fera donné un numéro à chacun des articles compri dans cette lifte, en commençant par le numéro 1er.

5.º Les huit jours expirés, il fera annoncé au prône & par affiches ou cri public, que toutes les perfonnes qui doivent faire leur déclaration pour la Contribution patriotique, font averties de fe rendre aux lieu, jour & heure qui leur feront indiqués, pour y infcrire leur déclaration fur le regiftre à ce deftiné.

6.º Ces déclarations feront reçues dans chaque ville & Communauté, par les Officiers municipaux, ou membres de l'Affemblée municipale ; dans les grandes villes, les Officiers municipaux pourront déléguer les Syndics des Corps des Marchands & autres corporations qui auroient des rôles d'impofition féparés, pour recevoir fur un regiftre particulier les déclarations des membres de ces corporations.

7.º Les déclarations feront toutes infcrites fur le regiftre l'une après l'autre, à fur & à mefure que les déclarans fe préfenteront, & il fera porté un N.º en tête de chacune de ces déclarations, à commencer par le N.º 1er.

8.º Les déclarations à fournir par les perfonnes qui font dans le cas de déclarer, d'après les proportions fixées par l'article II du Décret de l'Affemblée Nationale, fe-

ront rédigées, conformément au modèle coté (B), joint
à la présente Instruction, si leur déclaration est conforme
à ces proportions ; ou bien suivant le modèle coté (C),
si leur déclaration excède ces proportions.

9.º Ceux qui n'ont qu'un revenu de 400 livres, ensemble les hôpitaux & hospices, qui suivant l'article XIII
du Décret de l'Assemblée Nationale, n'étant assujettis à
aucune proportion, sont libres de fixer la quotité de leur
contribution selon leur volonté, fourniront leur déclaration suivant le modèle coté (D).

10.º A l'égard des Ouvriers & Journaliers sans propriétés, qui, quoique dispensés de contribuer, voudront
cependant ne point profiter de cette exemption, & fournir, conformément à l'article XIV du Décret de l'Assemblée Nationale, une offrande libre & volontaire, ils feront leur déclaration conformément au modèle ci-après
coté (E).

11.º Pour faciliter la confection du rôle dont il sera
question ci-après, il pourra être utile de porter en
marge de chacune de ces déclarations, pour les distinguer, savoir, le chiffre *I.* pour les personnes qui déclareront au-dessus de la proportion ; le chiffre *II.* pour
celles qui déclareront conformément à la proportion ; le
chiffre *III.* pour celles qui, dans leur déclaration, n'é-
toient assujetties à aucune proportion, & enfin le chiffre
IV. pour celles dont l'offrande est libre & volontaire.

12.º Ceux qui seront dans l'intention de désigner une
personne pour être à leurs droits, dans le cas de remboursement prévu par l'art. XVI du Décret de l'Assemblée Nationale, inséreront dans leur déclaration, la
clause dont la formule cotée (F), est jointe à la présente
Instruction.

13.º Les déclarans exprimeront dans leur déclaration,

ainſi qu'il eſt expliqué par les modèles, les époques aux-quelles ils ſeront dans l'intention d'acquitter leur Contri-bution patriotique.

14.º Il ſera tenu, par les Officiers municipaux ou Municipalités, un double regiſtre, ſur lequel ſeront tranſcrites à fur & à meſure toutes les déclarations por-tées ſur le premier regiſtre; & chacune d'elles ſera cet-tifiée conforme à l'original par deux des Membres de la Municipalité.

15.º Si, dans le délai de trois ſemaines, après le pre-mier avertiſſement publié, toutes les déclarations n'a-voient pas encore été reçues, il ſera fait une nouvelle Pro-clamation pour annoncer que *tel* jour les Officiers mu-nicipaux, ou l'Aſſemblée municipale, ſeront obligés d'envoyer au chef-lieu de la Province ou de l'arrondiſ-ſement, le regiſtre des déclarations pour la formation du rôle de la Contribution patriotique; & qu'en conſé-quence, les Citoyens qui n'auroient point encore dé-claré, ſont avertis de ſe préſenter avant ledit jour.

16.º Ce nouveau délai expiré, les Officiers munici-paux, ou l'Aſſemblée municipale, feront la vérification & comparaiſon des noms portés ſur la liſte des perſonnes domiciliées & de ceux des perſonnes qui auront fourni leur déclaration, après quoi, à la ſuite de la dernière déclaration inſcrite, ils porteront l'arrêté ſuivant :

Nous Officiers municipaux, ou Membres de l'Aſ-ſemblée municipale de   déclarons que le préſent Regiſtre contient les déclarations qui ont été faites pour la Contribution patriotique, par toutes les perſonnes domiciliées & réſidantes dans ladite ville ou communauté, dont la liſte préalablement formée, eſt jointe au préſent regiſtre, & en outre par les citoyens
                                                    qui,

qui , *fans être tenus à aucune déclaration*, *ont cependant voulu être infcrits fur la même lifte & faire auffi leur offrande à la patrie.*

Fait à   ce   17

17°. La lifte originale & le regiftre auffi original, refteront dépofés dans les archives de la ville ou communauté, & les doubles defdites lifte & regiftre feront envoyés, favoir : aux Bureaux intermédiaires de Département, dans les provinces où il a été formé des Affemblées fecondaires;

Aux Bureaux de correfpondance, dans les provinces de Touraine, Anjou, Maine & Nivernois;

Aux Commiffaires des diocèfes dans la province de Languedoc;

Et enfin, aux Syndics généraux, Elus & autres repréfentans intermédiaires des Provinces, pays & adminiftrations du Boulonnois, Marches communes, principauté d'Orange, Flandre, Haynault, Cambréfis, Béarn, Navarre, Bigorre, Soule, Nébouzan, Quatre-vallées, Labour, Mâconnois, Breffe, Bugey, pays de Gex & Comté de Foix.

.18.° Dans les autres grandes provinces d'Affemblées provinciales, ou Pays d'Etats, où il n'exifte point d'Affemblées fecondaires, ni de Bureaux de correfpondance, les Corps municipaux ou Affemblées municipales des différentes villes & communautés, adrefferont leurs lifte & regiftre de déclarations aux Officiers municipaux de la Ville, qui fe trouvera être chef-lieu de la recette particulière des finances, diocèfe ou châtellenie, fuivant la divifion adminiftrationnelle de la province; lefquels Officiers municipaux feront délégués par la Commiffion intermédiaire de la Province, pour la confection des rôles de toutes les communautés de leur arrondissement.

Dans les généralités de Bordeaux, Limoges, la Rochelle & Besançon, les Officiers municipaux des villes, chefs-lieux de recette, seront de même chargés de faire former & arrêter les rôles des villes & communautés de leur arrondissement.

19°. A la réception desdites liste & registre de chaque ville & communauté, les Bureaux intermédiaires, Commissaires de diocèse, Commissions intermédiaires, & enfin les Officiers Municipaux des Villes chefs-lieux d'arrondissement, secondés par les Receveurs particuliers des Finances, feront former, a fur & à mesure, sous leurs yeux, pour chacune de ces Villes & Communautés, un rôle, qui sera intitulé,

Rôles des sommes à recouvrer dans la ville ou communauté de pour la Contribution patriotique, *d'après les déclarations faites par les personnes ci-après dénommées* ; savoir. (*Voyez le modèle coté* G.)

20°. Ce rôle contiendra quatre chapitres, qui seront intitulés ainsi qu'il suit :

Chapitre premier.

Personnes qui ont déclaré au - dessus de la proportion.

Chapitre second.

Personnes qui ont déclaré conformément à la proportion.

Chapitre troisième.

Perfonnes qui dans leur déclaration n'étoient affujetties à aucune proportion.

Chapitre quatrième.

Perfonnes dont l'offrande eft libre & volontaire.

210. Les Bureaux intermédiaires, Commiffaires de diocèfe, commiffions intermédiaires ou Officiers Municipaux des Villes chef-lieux qui auront fait former ces rôles, les arrêteront ainfi qu'il fuit.

* *Nous*   *avons arrêté le préfent rôle des fommes qui doivent être payées pour la contribution patriotique dans la ville ou paroiffe de*   *par les perfonnes dénommées audit rôle, à la fomme totale de*   *dont celle de*   *payable au premier terme, celle de*   *au fecond terme, & celle de*   *au troifième terme ; & fera le recouvrement defdites fommes fait par les Collecteurs ordinaires de ladite Ville ou Communauté en exercice pour l'année 1790. Fait à*   *ce*   17

22.°. Les Officiers Municipaux des Villes chefs-lieux de recette & arrondiffement, feront auffi former & arrêteront eux-mêmes le rôle de leur Ville, qu'ils adrefferont enfuite, pour qu'il foit vifé, à la Commiffion intermédiaire ou à M. l'Intendant dans les provinces où il n'a point été établi d'Affemblées provinciales ni d'Etats provinciaux.

B 2

23°. Les Commiſſions intermédiaires & autres Adminiſtrateurs des provinces, apporteront la plus grande attention à faire former, avec exactitude, des bordereaux détaillés par arrondiſſemens de recettes particulières des Finances, du montant des différens rôles qui feront arrêtés, & les adreſſeront ſans perte de temps au Premier Miniſtre des Finances.

24°. Les perſonnes qui feront dans l'intention d'acquitter la totalité, la moitié ou le tiers de leur contribution, ainſi qu'ils l'auront déclaré, ſans attendre que le rôle des ſommes à recouvrer ait été arrêté, pourront effectuer ce payement entre les mains du Collecteur de la paroiſſe, qui en tiendra note & en donnera quittance ; cette quittance devra d'ailleurs être viſée par les Officiers ou Membres Municipaux de la ville ou communauté, qui tiendront pareillement note deſdits payemens, ſur un regiſtre à ce deſtiné, & veilleront à ce que l'émargement en ſoit fait ſur le rôle des ſommes à recouvrer, lorſqu'il aura été renvoyé pour être mis en recouvrement.

25°. Les perſonnes qui auront déclaré vouloir payer en un ſeul terme leur contribution patriotique, ou qui, après avoir déclaré être dans l'intention de la payer en deux ou trois termes, voudront cependant, après la confection du rôle, l'acquitter en un ſeul payement, auront droit pour leur avance à la déduction de l'intérêt légal. Et pour mettre le Collecteur à portée de juſtifier vis à-vis du Receveur particulier des Finances, qu'il aura tenu compte deſdits intérêts à telles ou telles perſonnes, les Membres Municipaux qui ſeront nommés pour vérifier le recouvrement, comme il ſera expliqué ci-après, lui en donneront des certificats, que le Receveur particulier des Finances recevra pour comptant.

26°. Les perſonnes qui voudront payer ſur le champ & directement au Tréſor royal leur contribution patriotique, y recevront un récépiſſé de la ſomme par eux acquittée, & un duplicata dudit récépiſſé, qu'elles remettront enſuite pour comptant au Collecteur du lieu de leur réſidence, attendu que, d'après la déclaration qu'elles auront été dans le cas de faire, comme tous leurs concitoyens, audit lieu de leur réſidence, elles ſe trouveront compriſes dans le rôle des ſommes à y recouvrer pour la contribution patriotique.

27°. Les récépiſſés donnés aux Hôtels des monnoyes, en échange des vaiſſelles, argenterie, bijoux & autres matières d'or & d'argent qui y auront été portées, pourront être fournis pour comptant par les propriétaires deſdits récépiſſés, dans les payemens de la contribution patriotique, & dans ce cas, la réduction en livres, ſous & deniers de la valeur du poids des matières énoncées en chaque récépiſſé, devra préalablement être faite & calculée par les Officiers municipaux du lieu, ou par tel Expert qu'ils choiſiront : & leſdits Officiers Municipaux donneront enſuite le certificat ſuivant au pied du récépiſſé.

Le préſent récépiſſé bon à recevoir en payement de la contribution patriotique de M. jusqu'à *concurrence de la ſomme de* d'après *les proportions réglées par la Proclamation du Roi, du 12 Octobre 1789, pour l'évaluation des vaiſſelles portées aux Hôtels des monnoyes*

28°. Les perſonnes qui ont déjà fait des dons patriotiques à l'Aſſemblée Nationale, en eſpèces ou en valeurs équivalentes, pourront de même, ſi elles le déſirent, les imputer ſur leur contribution patriotique; mais, pour conſtater leſdites valeurs, elles ſe procure-

B 3

ront un récépissé du Trésor royal, qu'elles remettront pour comptant au Collecteur du lieu de leur domicile, en payement de leur contribution patriotique, jusqu'à due concurrence.

29°. Deux des Officiers Municipaux ou Membres des Assemblées Municipales ou autres Assemblées, seront choisis pour examiner, une fois par semaine, au jour fixé à cet effet, le rôle de la contribution patriotique étant entre les mains du Collecteur; en conséquence ils vérifieront, 1°. si les émargemens des payemens sont faits avec exactitude; 2°. à combien s'élèvent les sommes déjà recouvrées; 3°. enfin, si lesdites sommes existent entre les mains du Collecteur, en deniers ou quittances valables du Receveur particulier des Finances. A la suite de chacune de ces vérifications, les deux Membres Municipaux, choisis à cet effet, remettront à l'Assemblée un bordereau de situation, signé d'eux & du Collecteur, dont le modèle est joint à la présente Instruction sous la cote (H).

30°. Les deniers provenant desdits recouvremens, seront versés par les Collecteurs, entre les mains des Receveurs particuliers des Finances, & par ceux-ci, en celles du Receveur-général des Finances, ou Trésorier de la province en exercice pour 1790, qui les remettront sans délai & sans frais de perception au Trésor public.

31°. Les avances faites par les Corps Municipaux, Assemblées municipales, & autres Assemblées pour frais d'écritures de registre, de confection des rôles, & frais de voyages des Collecteurs au chef-lieu de la recette, seront remboursés auxdites Municipalités sur le produit des sommes recouvrées. Mais pour éviter les détails qu'exigeroit l'examen de chacun de ces comptes d'avances & déboursés, les commissions intermédiaires examineront s'il ne seroit pas plus convenable d'allouer à chaque Municipalité une somme déterminée & proportionnelle au montant du rôle, & elles soumettront à cet égard leurs propositions à Sa Majesté.

32°. Il sera rendu compte du produit dudit recouvrement par les Receveurs généraux ou Trésoriers, pardevant l'Administration de chaque Province, laquelle en adressera les résultats au Comité, composé du Ministre des Finances & des Commissaires nommés par l'Assemblée Nationale, pour surveiller avec lui toute la suite des opérations rélatives à la rentrée ou à l'emploi de la Contribution patriotique.

B 4

MODÈLES

Joints à l'Instruction pour la Contribution patriotique.

(A) MODÈLE de la Liste des Personnes domiciliées
& résidantes dans chaque Ville & Communauté.

CONTRIBUTION PATRIOTIQUE.

---

*LISTE de toutes les Personnes domiciliées & résidantes
dans la Ville & communauté de*

SAVOIR :

Nº. 1er.
2.
3.
&c.

MODÈLES des différentes déclarations à fournir, pour la Contribution patriotique, par les hommes mariés, veufs ou célibataires, les femmes veuves, celles séparées de corps ou de biens feulement, les fils de famille ayant un emploi, ou exerçant perſonnellement une profeſſion quelconque, les filles étant à leurs droits, les mineurs émancipés, les perſonnes en profeſſion religieuſe fur les penſions qu'elles reçoivent de leur famille, les ci-devant Religieux fécularifés, fur les penſions qui leur ont été confervées; les Couvens & Monaſtères dotés, de l'un & l'autre fexe, & autres établiſſemens, &c. &c.

(B) · DÉCLARATION conforme aux proportions.

JE fouſſigné,
déclare avec vérité, que la fomme de
dont je contribuerai aux befoins de l'État, eſt conforme aux fixations établies par le Décret de l'Aſſemblée Nationale, du 6 Octobre 1789, concernant la Contribution patriotique.

Et je m'engage à acquitter ladite fomme de

en $\left\{ \begin{array}{l} un\ feul, \\ deux, \\ trois \end{array} \right\}$ paiement, avant l'expiration $\left\{ \begin{array}{l} du\ premier, \\ des \\ deux\ premiers, \\ du\ troiſième \end{array} \right\}$ terme

fixé par l'art. XI du Décret de l'Aſſemblée Nationale.

A   ce   17.

(C) Déclaration excédant la proportion.

Je souſſigné,
déclare avec vérité, que la ſomme de
dont je contribuerai aux beſoins de l'État, excède les fixa-
tions établies par le Décret de l'Aſſemblée Nationale,
du 6 Octobre 1789, concernant la Contribution patrio-
tique.
Et je m'engage, &c. (comme au précédent modèle,
coté B).

(D) Déclaration à fournir par ceux dont le revenu eſt inférieur à 400 livres.

Je souſſigné,
déclare avec vérité, que mon revenu n'excède point 400 liv.,
& que je contribuerai aux beſoins de l'État de la ſomme
de
Et je m'engage, &c. (comme au Modèle ci-deſſus,
coté B).

(E) Déclaration pour ceux qui, diſpenſés de contribuer, ne voudront point cependant profiter de cette exemption.

Je souſſigné,
déclare que mon vœu étant de contribuer aux beſoins de
l'État, j'offre librement & volontairement la ſomme
de
Et je m'engage, &c. (comme au Modèle ci-deſſus,
coté B).

(F) MODÈLE de la claufe à ajouter à la fin des déclarations, par ceux qui voudront défigner une Perfonne pour être à leurs droits, en cas de remboursement.

JE souffigné, &c.
& je m'engage, &c.

Je défigne, de plus,   , pour être à mes droits, à l'époque où le remboursement de la Contribution patriotique pourra s'effectuer, suivant l'article XVI du Décret de l'Assemblée Nationale.

(G) *MODÈLE de feuilles de Rôles telles qu'elles peuvent être imprimées.*

Province d

Département d

Communauté d

CONTRIBUTION PATRIOTIQUE.

RÔLE des sommes à recouvrer dans la   de pour la contribution patriotique, d'après les déclarations faites par les personnes ci-après dénommées, SAVOIR :

NOMS des personnes qui ont déclaré.	TOTAL de la contribution offerte.	ÉPOQUE DES PAYEMENS.		
		30 Avril 1790.	30 Avril 1791.	30 Avril 1792.

Premier Chapitre.

Personnes qui ont déclaré au-dessus de la proportion.

Art. 1er.

a déclaré
qu'il paieroit en
terme la somme de

NOMS des personnes qui ont déclaré.	TOTAL de la contribu- tion offerte.	ÉPOQUE DES PAYEMENS.		
		30 Avril 1790.	30 Avril. 1791.	30 Avril 1792.

Nous,

avons arrêté le préfent
Rôle des fommes qui doivent être payées pour
la Contribution Patriotique, dans la
de   par les perfonnes dénommées
audit Rôle à la fomme totale de
dont celle de   payable au
premier terme, celle de   au
fecond terme, & celle de
au troifième terme ; & fera le recouvrement
defdites fommes fait par les Collecteurs ordinaires de ladite   en exercice
pour l'année 1790.
FAIT à   ce   mil fept cent quatre-
vingt-

(H) *MODELE de vérification du Rôle de la Contribution patriotique.*

CONTRIBUTION PATRIOTIQUE.

BORDEREAU DE VÉRIFICATION.

Du . 17

Montant du Rôle . . . . $\left\{\begin{array}{l}\text{1. Terme. . . . .}\\ \text{2. Terme. . . . . . .}\\ \text{3. Terme. . . . . . .}\end{array}\right.$ $\left.\right\}$ ″ ″ ″

Sommes reçues jufqu'audit Jour 17 $\left\{\begin{array}{l}\text{Suivant les quittances du}\\ \text{Receveur particulier des}\\ \text{finances à nous repré-}\\ \text{sentées . . . .}\\ \\ \text{En deniers étant entre les}\\ \text{mains du Collecteur. . .}\end{array}\right.$ $\left.\right\}$ ″ ″ ″

Refte à recouvrer audit jour. . . . . .

FAIT à ce 17

Proclamation du Roi, pour la répartition des Impositions ordinaires de l'année prochaine 1790, dans les Pays ci-devant connus sous la dénomination de Pays d'Élection.

Du 16 Octobre 1789.

Le Roi, par sa déclaration du 27 Septembre dernier, a sanctionné le Décret de l'Assemblée Nationale sur les Impositions, en date du 26 du même mois; duquel Décret l'article IV porte que, dans les rôles de toutes les impositions de 1790, les ci-devant privilégiés seront cotisés avec les autres contribuables, dans la même proportion & dans la même forme, à raison de toutes leurs propriétés, exploitations & autres facultés.

Comme il devient de jour en jour plus instant de s'occuper de l'assiette & répartition des impositions de l'année prochaine 1790, Sa Majesté s'empresse de prescrire les dispositions nécessaires pour l'exécution de l'article IV du susdit Décret de l'Assemblée Nationale, dans les pays ci-devant connus sous la dénomination de *Pays d'Élection*, se réservant Sa Majesté de pourvoir de même à son exécution dans toutes les autres provinces du Royaume, par des dispositions particulières adaptées au régime, aux formes & aux usages qui avoient subsisté jusqu'à ce jour dans chacune desdites provinces, sur l'objet des impositions. En conséquence, le Roi a ordonné & ordonne ce qui suit :

ARTICLE PREMIER.

Les dénominations de taille, subvention, subsistance & abonnement de taille, usitées jusqu'à ce jour dans les pays ci-devant désignés sous le nom de *Pays d'Élection*, seront supprimées pour l'année 1790; en conséquence,

les trois articles d'impofitions compris dans le Brevet
général arrêté pour ladite année prochaine 1790, ne feront
défignés dans les afliettes de département & dans les
mandemens à adreffer aux villes & communautés, que
fous le titre d'*Impofition principale*, d'*Impofitions accef-*
foires de l'Impofition-principale, & de *Capitation & ac-*
cefloires d'icelle.

II. Il ne pourra être formé en 1790 aucuns rôles particuliers & privilégiés de Capitation, pour certaines
claffes de contribuables, toute diftinction de rôles pour
une feule & même nature d'impofition devant être
éteinte & abolie.

III. Il fera formé & arrêté au Confeil un Brevet diftin-
gué par provinces, des capitations qui étoient retenues
dans les Etats de finances, fur les gages & appointemens
d'aucuns Officiers de judicature ou finance ; & fera le
montant dudit Brevet, pour chacune defdites provinces
ci-devant connues fous la dénomination de Pays d'Election, ajouté à celui de la fixation de leur capitation ref-
pective, fuivant le Brevet général de 1790, pour ne
plus former qu'un feul & même total ; en conféquence,
il ne fera fait aucune retenue de Capitation pour l'année
1790, fur les gages qui feront employés dans les états
du Roi de ladite année, au profit des Officiers de judicature ou finance defdites provinces.

IV. Toute diftinction, dans une feule & même province, de lieux taillables & de villes & communautés
franches ou abonnées, fera pareillement fupprimée pour
1790; en conféquence, toutes les villes & communautés
feront comprifes dans un feul & même département, &
tenues de contribuer à toutes les impofitions ordinaires
de la province, fous les trois divifions indiquées par
l'article 1er.

V.

V. En procédant à l'affiette & département des impofitions ordinaires pour l'année 1790, avec les Délégués du Bureau des finances & les Officiers des Elections, les Commiffions intermédiaires ou Bureaux intermédiaires de Département, ou enfin les fieurs Intendans, dans les provinces où il n'y a point d'Affemblée provinciale, règleront en maffe la contribution de chaque ville & communauté, dans chacun des trois articles d'impofitions contenues dans les commiffions, d'après les connoiffances qu'ils fe feront procurées & fe procureront fur les forces & facultés defdites villes & communautés. Ils fe feront repréfenter à cet effet, en procédant audit département des impofitions ordinaires, non-feulement les départemens des tailles des années précédentes, mais encore les rôles de capitation privilégiée, ceux des vingtièmes, les départemens des Chambres eccléfiaftiques diocéfaines, & autres renfeignemens qu'ils jugeront utiles & néceffaires.

VI. Auffitôt que les mandemens qui fixeront la cotte-part de chaque ville & communauté, dans les difpofitions ordinaires, fous la triple divifion ci-deffus indiquée, auront été délivrés, il fera, dans chacune defdites villes & communautés, procédé à la répartition des fommes y contenues, fur tous les contribuables, fans aucune diftinction.

VII. Cette répartition, dans les paroiffes & communautés où il a été formé des Affemblées municipales, en exécution de l'Edit de juin 1787, fera faite par toute l'Affemblée municipale, laquelle eft compofée des ci-devant privilégiés, membres-nés, & du Syndic & autres Membres électifs de la Municipalité. Continueront toutefois dans les provinces de l'Ifle de France & de Champagne, les projets de rôles d'être dreffés par les Commiffaires aux impofitions, & ils feront enfuite commu-

niqués par lefdits Commiffaires à l'Affemblée municipale de chaque communauté, avant d'être définitivement
expédiés.

VIII. Dans les Provinces où il n'a point été établi
d'Affemblée municipale, il fera procédé à la répartition
des impofitions ordinaires de 1790, par une affemblée
qui fera compofée des mêmes ci-devant Privilégiés,
qui font membres-nés dans les Affemblées municipales,
des Confuls ou Syndic paroiffial, & des Collecteurs,
dans les provinces où ils font en même temps Afféeurs.
Continueront toutefois dans la généralité de Limoges,
les projets de rôles d'être dreffés par les Commiffaires
aux impofitions, & ils feront enfuite communiqués par
lefdits Commiffaires à la fufdite affemblée d'Afféeurs
dans chaque communauté, avant d'être définitivement
expédiés.

IX. A l'égard des villes, la répartition y fera faite en
1790, par les Officiers municipaux, auxquels fe réuniront le Curé ou le plus ancien des Curés, dans les villes
où il y en auroit deux ou trois, ou enfin celui qui aura
été choifi dans une affemblée defdits Curés, s'ils font au
nombre de quatre & plus.

X. A cette affemblée d'Afféeurs dans les villes, fe
réunira en outre un certain nombre d'Adjoints, dont
moitié fera choifie parmi les ci-devant Privilégiés, &
moitié parmi les anciens contribuables ordinaires.

XI. En conféquence lefdits ci-devant Privilégiés fe
réuniront pour nommer un Adjoint, dans les villes où
leur nombre n'excédera point celui de douze; ils en
nommeront deux, fi leur nombre eft depuis treize jufqu'à trente, & trois s'il eft de trente-un & au-delà.
De leur côté, les anciens contribuables ordinaires choifiront un, deux ou trois Adjoints, fuivant qu'il en fera

nommé un, deux ou trois par les ci-devant Privilégiés.

XII. Pour les villes archiépiscopales ou épiscopales, le Syndic de la chambre ecclésiastique diocésaine, ou en son absence un autre membre député par ladite chambre, sera de droit, un des membres ci-devant privilégiés appelés à ladite répartition.

XIII Si parmi les Officiers municipaux des villes, il s'en trouvoit un ou plusieurs qui fussent ci-devant privilégiés, non compris le Curé ou député des Curés, alors les autres Privilégiés de la ville ne choisiront point d'Adjoints, à moins que le nombre de ceux qu'ils doivent avoir aux termes de l'article XI précédent, ne fût point complet, auquel cas ils n'auroient de nomination à faire que pour completter ledit nombre.

XIV. Toutes lesdites nominations d'Adjoints seront faites avant le 5 Novembre prochain au plus tard.

XV. Dans les provinces où la taille étoit personnelle, l'Imposition principale pour 1790, sera répartie dans chaque ville ou communauté, suivant le même mode, par les Asséeurs désignés par les articles précédens; dans celles où la taille étoit réelle, la répartition de l'Imposition principale sera aussi réelle. Seront au surplus, dans les provinces d'impôt personnel, toutes les personnes, sans aucune distinction, & dans celles d'impôt réel, tous les fonds, aussi indistinctement, imposés dans la même proportion.

XVI. En pays d'impôt personnel, les Asséeurs, en réglant les cottisations individuelles dans l'Imposition principale, continueront de faire la distinction de la cotte personnelle & de la cotte d'exploitation.

XVII. La cotte d'exploitation sera faite dans le lieu de la situation des domaines, héritages ou autres biens;

C 2

fonds ; en conféquence, toutes déclarations qui auront été faites aux greffes des élections, d'après les anciens Règlemens, par aucuns contribuables, pour obtenir en 1790, la réunion à l'impofition de leur domicile, des cottes d'exploitation auxquelles ils prévoyoient devoir être impofés dans d'autres communautés, feront regardées comme non avenues ; faifant Sa Majefté très-exprefles inhibitions & défenfes d'avoir aucun égard auxdites déclarations.

XVIII. La cotte perfonnelle, qui eft relative aux facultés provenant de la propriété des immeubles, des rentes actives, du commerce ou induftrie, & autres revenus quelconques, ne pourra être faite qu'au feul lieu du domicile des contribuables, & fera réglée pour chacun d'eux, d'après des bafes uniformes.

XIX. Dans les mêmes pays d'impôt perfonnel, la Capitation fera, pour tous les contribuables, comme elle l'avoit été pour les taillables, depuis la Déclaration du 1 avril 1761, un acceffoire néceffaire de l'impofition-principale ; de forte qu'un contribuable auquel il fera donné, dans une paroiffe où il fera valoir fans y être domicilié, une cotte d'exploitation dans la répartition de l'impofition ordinaire, contribuera auffi à la Capitation, en proportion de ladite cotte d'exploitation, & contribuera de même à ladite impofition, dans le lieu de fon domicile, au marc la livre de fa cotte perfonnelle.

XX. Dans lefdits pays d'impôt perfonnel, les articles du rôle indiqueront les noms, demeure & qualité du contribuable, & autant qu'il fera poffible, les divers détails qui auront fervi de bafe à fa cottifation : à côté defdits articles, le rôle contiendra cinq colonnes, dans lefquelles fera portée la cotte-part de chaque contribuable ; 1.º dans l'impofition - principale ; 2.º dans les impofitions acceffoires d'icelle ; 3.° dans la Capitation ; 4.° le total defdites trois contributions ; 5.° enfin , la cotte-part dans la preftation des chemins.

XXI. Les villes qui acquittoient leur taille par des droits perçus aux entrées , continueront d'acquitter par cette voie, pour 1790, l'impofition-principale ; & feront au furplus lefdits droits de tarif acquittés, fuivant leur fixation actuelle , par tous les domiciliés dans lefdites villes, fans aucune diftinction ni privilége, à compter du jour de l'affiche & publication de la préfente Proclamation.

XXII. Dans les pays d'impôt réel , tous les biensfonds généralement quelconques , contribueront par un même rôle, & dans une proportion uniforme, à l'impofition-principale, & aux impofitions acceffoires d'icelle, & ledit rôle contiendra quatre colonnes; favoir, une pour l'impofition-principale ; la feconde, pour les impofitions acceffoires d'icelle ; la troifième, pour le total de ces deux impofitions; & la quatrième enfin , pour la preftation des chemins.

XXIII. Dans celles des communautés defdits pays d'impôt réel , où il étoit diftrait une partie de la taille, pour être répartie fur l'induftrie, cabaux & meubles lucratifs, fait défenfes Sa Majefté de diftraire, pour être ainfi répartie en 1790, aucune partie de l'impofition-principale, qui devra être affife en totalité fur les biensfonds , fauf dans la répartition de la Capitation, à faire contribuer ceux qui jouiffent defdits revenus & facultés mobiliaires & induftrielles, pour raifon defdits revenus & facultés.

XXIV. Dans les pays d'impôt réel , il fera procédé dans chaque ville & communauté, par les mêmes Affeeurs qui auront réparti l'impofition - principale & les impofitions acceffoires d'icelle, à la confection du rôle féparé de la Capitation, dans lequel rôle feront compris, fans diftinction, tous les domiciliés dans chacune defdites villes & communautés.

XXV. Il fera fait dans chaque ville & communauté trois expéditions des fufdits rôles de 1790, lefquelles feront toutes trois adreffées par les Officiers municipaux, Syndics d'Affemblée municipale, ou Confuls & Syndics paroiffiaux, aux Officiers de l'Election.

XXVI. L'une defdites expéditions fera rendue exé-cutoire par un des Officiers dudit fiége d'Election, fuivant la diftribution qu'ils fe feront entre eux des commu-nautés & paroiffes de leur reffort ; à laquelle vérification ils feront tenus de procéder dans les trois jours de l'ap-port defdits rôles, fous peine de radiation de gages, d'interdiction pour trois mois, & de demeurer perfon-nellement refponfables du retardement du recouvrement des impofitions. Cette expédition de rôle ainfi vérifiée, fera enfuite remife au Receveur ou Collecteur ordinaire de chaque ville ou communauté pour être mife en recou-vrement. La feconde expédition fera dépofée au greffe pour minute ; la troifième, fur laquelle fera fait men-tion de la date de l'apport du rôle, & de celle de fa vérification, fera adreffée par le Procureur du Roi en l'Election, à la Commiffion intermédiaire, ou au fieur Intendant & Commiffaire départi, dans les provinces où il n'a pas été formé d'Affemblée provinciale ni d'Etats provinciaux.

XXVII. Les contribuables qui auront des réclamations à former contre leur cottifation dans aucun defdits rôles des impofitions ordinaires de 1790, feront tenus d'a-dreffer préalablement leurs repréfentations à la Com-miffion intermédiaire, dans les provinces où il a été établi des Assemblées provinciales, ainsi que dans la province de Dauphiné, laquelle Commission intermédiaire y pourvoira par voie de conciliation. Pourront ensuite lesdits réclamans se pourvoir, s'ils le jugent à propos, par la voie contentieuse, devant les Officiers de l'Election, en rapportant & joignant à leur requête le délibéré préalable de la Commission intermédiaire; & les Officiers d'Election y statueront sommairement, sauf l'appel à la Cour des Aides.

XXVIII. Les rôles de toutes les impositions seront recouvrés pour l'année 1790, par les Collecteurs nommés pour ladite année, ainsi & de la même manière que l'ont été les rôles des impositions correspondantes en 1789.

XXIX. Enjoint Sa Majesté aux Officiers municipaux, Assemblées municipales & autres assemblées d'Asséeurs, dans les provinces ci-devant connues sous la dénomination de pays d'Election; aux Bureaux intermédiaires de Département, Commissions intermédiaires, Intendans & Commissaires départis; aux Officiers des Elections, aux Bureaux des finances & aux Cours des Aides, de concourir, veiller, s'employer & tenir la main à l'exécution de la présente Proclamation, qui sera imprimée, publiée & affichée par-tout où besoin sera. A Paris, ce seize Octobre mil sept cent quatre - vingt - neuf. *Signé* LOUIS. *Et plus bas*, Par le Roi, DE SAINT PRIEST.

C A

Proclamation du Roi , qui autorise le sieur Duruey à si-gner & à délivrer à la Caisse d'Escompte cent-soixante-dix millions d'Assignats , décrétes par l'Assemblée Nationale , les 19 & 21 Décembre 1789.

Du 7 Mars 1790.

L'Assemblée Nationale , par ses Décrets des 19 & 21 Décembre 1789 , ayant , entre autres choses, arrêté qu'il seroit formé une Caisse de l'Extraordinaire , dans laquelle seroient versés les fonds provenant de la contribution patriotique , ceux des ventes, tant de partie des domaines de la Couronne , que des biens ecclésiastiques , & de toutes les autres recettes extraordinaires de l'Etat , lesquels fonds seroient destinés à payer les créances exigibles & arriérées , & à rembourser les capitaux de toutes les dettes dont l'Assemblée Nationale auroit décrété l'extinction ;

Que les Domaines de la Couronne , à l'exception des Forêts & des Maisons Royales , dont Sa Majesté désireroit se réserver la jouissance , seroient mis en vente , ainsi qu'une quantité de Domaines Ecclésiastiques , suffisante pour former ensemble la valeur de quatre cent millions :

Qu'il seroit créé sur la Caisse de l'Extraordinaire , des Assignats portant intérêt à cinq pour cent jusqu'à concurrence de la valeur desdits biens à vendre , lesquels seroient admis de préférence dans l'achat desdits biens ;

Qu'il seroit donné à la Caisse d'Escompte , pour ses avances de l'année 1789 & des six premiers mois 1790 , cent-soixante-dix millions en Assignats sur la Caisse de l'Extraordinaire , portant intérêt à cinq pour cent, & payables à raifon de dix millions par mois, à compter du premier Janvier 179..

Le Roi ayant fanctionné lefdits Décrets, & voulant ftatuer d'abord fur la formation & la délivrance des Af-fignats deftinés à la Caiffe dEfcompte, a ordonné & ordonne ce qui fuit:

ARTICLE PREMIER.

Il fera délivré par le Tréfor public à la Caiffe d'Ef-compte, une fomme de cent foixante-dix millions en Affignats fur la Caiffe de l'Extraordinaire, conformé-ment au modèle annexé à la préfente Proclamation, lefquels Affignats porteront intérêt à cinq pour cent, & feront payables à raifon de dix millions par mois, à compter de Janvier 1791.

II. Lefdits Affignats feront fignés par le fieur Du-tuey, Adminiftrateur du Tréfor public, chargé de tou-tes les Caiffes que Sa Majefté a commis & commet à cet effet, & ils feront vifés & enregiftrés par le fieur le Couteulx du Moley, Receveur géneral & Payeur de la Caiffe de l'Extraordinaire.

A Paris, le fept Mars mil fept cent quatre-vingt-dix Signé, LOUIS. & plus bas, DE SAINT-PRIEST.

(Voir le Tableau, page fuivante).

CAISSE
DE L'EXTRAORDINAIRE.

Mois de Janvier 1791.

N°.

Vu & enregiftré.

JE vous prie, Monfieur, de payer au Dix *fixe du mois de Janvier mil fept cent quatre-vingt-onze*, à l'ordre de la Caiffe d'Efcompte, & des fonds affignés à la Caiffe de l'Extraordinaire par les Décrets de l'Affemblée Nationale des 19 & 21 Décembre 1789, fanctionnés par le Roi, la fomme de MILLE LIVRES, *valeur reçue de la Caiffe d'Efcompte*; de laquelle fomme je vous fournirai une quittance comptable, en rapportant le préfent Affignat, qui fera admis de préférence dans l'achat des biens du Domaine & du Clergé, conformément aux Décrets fufmentionnés. A Paris, ce premier Janvier mil fept cent quatre vingt-dix.

ASSIGNAT de la fomme d
dont l'intérêt a été payé au *Porteur* fur le pied de Cinq pour cent par année.

A Monfieur
Monfieur le Couteulx du Moley, Receveur général & Payeur de la Caiffe de l'Extraordinaire.
A Paris.

Nota. Le Caiffe d'Efcompte offre de faire payer le préfent Affignat à fon échéance, à *Paris*, ou dans tel des quatre-vingt-deux *autres* chefs-lieu de Département qui fera convenable au-Porteur, à la charge par lui de faire connoître, un mois avant fon échéance, à M. Vincens, Directeur général de la Caiffe d'Efcompte, celui defdirs chefs-lieu de Départemens où il defirera le recevoir.

Adminiftrateur du Tréfor public.

Proclamation du Roi sur un Décret de l'Assemblée Natio-
nale concernant les pouvoirs des Commissaires nommés par
Sa Majesté pour la formation des Assemblées primai-
res & administratives.

Du 30 Mars 1790.

Vû par le Roi, le Décret dont la teneur suit;

DÉCRET DE L'ASSEMBLÉE NATIONALE;
du Lundi 29 Mars 1790.

L'Assemblée Nationale, après avoir entendu la lecture de la commission & de l'instruction données par
le Roi aux Commissaires nommés par Sa Majesté,
pour la formation des Assemblées primaires & administratives, & sur le rapport à elle fait par son Comité
de Constitution décrète :

1°. Que les Pouvoirs des Commissaires chargés par
le Roi de surveiller & diriger, pour cette première
fois seulement, conformément au Décret du 8 Janvier dernier, la formation des administrations de Département & de District, expireront le jour de la clôture du dernier procès-verbal d'Election des Citoyens
qui composeront lesdites administrations;

2° Que les Commissaires devant décider provisoirement les difficultés qui surviendront dans le cours
de la formation des Assemblées primaires & administratives, renverront à l'Assemblée Nationale les difficultés majeures qui pourroient survenir, & dont la
décision ne pourroit être dirigée ni par le texte, ni
par les conséquences nécessaires des Décrets de l'Assemblée Nationale.

4

3⁰. Que le Comité de Constitution ayant été autorisé à donner son avis sur plusieurs difficultés relatives à la formation des Municipalités, à renvoyer aux Assemblées de Département les difficultés qui tiennent à des connoissances locales, ce seront ces Assemblées qui prononceront sur toutes les questions survenues à cet égard, ou qui pourront survenir; les Commissaires du Roi ne pourront en connoître sous aucun prétexte.

4°. Que les Commissaires, avant de commencer leurs fonctions, prêteront le serment civique devant la Municipalité du lieu où se tiendra l'Assemblée des Electeurs du Département.

Le Roi a sanctionné & sanctionne ledit Décret, pour être exécuté suivant sa forme & teneur. Fait à Paris, le trente Mars mil sept cent quatre-ving-dix. *Signé*, LOUIS. *Et plus bas*, DE SAINT-PRIEST.

Instructions publiées par ordre du Roi, pour accélérer la confection des Rôles des Impositions ordinaires de l'année 1790, dans les différentes Villes & Communautés de l'Isle-de-France.

ARTICLE PREMIER.

Le Roi a ordonné, par l'article VII de la Proclamation du 16 Octobre 1789, que dans la Province de l'Isle-de-France, les projets des rôles des impositions ordinaires continueroient d'être dressés, suivant les formes observées dans cette Province, par les Commissaires aux impositions, & seroient ensuite communiqués, par lesdits Commissaires, à l'Assemblée Municipale de la Communauté, avant l'expédition du rôle. En conséquence, l'intention de Sa Majesté est

que ceux des procès-verbaux de changemens & évaluations, dreſſés conformément audit article VII de la
Proclamation du 16 Octobre dernier, par les Commiſſaires aux impoſitions, avec les Membres des précédentes Aſſemblées Municipales qui les ont ſignés avant
la formation complette des nouvelles Municipalités,
ayent leur plein & entier effet : En conſéquence, Sa
Majeſté déclare réguliers les rôles formés par les Commiſſaires aux impoſitions, d'après leſdits procès-verbaux ;
& ordonne que les expéditions en forme deſdits rôles,
ſeront ſignées ſans aucun retard, & préſentées enſuite
à la vérification ; faiſant Sa Majeſté très-expreſſes inhibitions & défenſes aux nouvelles Municipalités d'élever
aucune conteſtation ſur les évaluations antérieurement
faites & réglées, & de retarder, ſous aucun prétexte, la vérification & miſe deſdits rôles en recouvrement.

II. Si dans quelque Communauté le Procès-verbal
des changemens & évaluations des objets nouvellement impoſables n'avoit point encore été rédigé, le
Bureau intermédiaire preſcrira à la Municipalité actuelle
de procéder auxdits changemens & évaluations, ſous
huitaine, conjointement avec le Commiſſaire. Dans le
cas où la nouvelle Municipalité ſe refuſeroit à procéder auxdits changemens & évaluations, ordonne Sa
Majeſté qu'à l'expiration dudit délai de huitaine, le
rôle ſera définitivement expédié & envoyé aux Officiers Municipaux, pour être ſigné par eux, ſans aucun
retardement, & enſuite préſenté à la vérification ;
faute de quoi les Officiers Municipaux ſeront garans
reſponſables vis-à-vis des Receveurs particuliers des
finances, de la totalité des ſommes dues par la Communauté.

III. Lors de la rédaction des rôles qui ne ſont point
encore vérifiés, les jardins, clos, parcs & avenues des

châteaux & maisons de campagne qui ne font point
occupés toute l'année par les Propriétaires, feront cotifés; favoir, les jardins d'agrément & avenues, à
raifon de leur fuperficie, fur le pied des meilleures
terres labourables de la Paroiffe; les parties de parc
plantées en bois, fur le pied des meilleurs bois de ladite
Paroiffe; les potagers, comme les jardins potagers des
autres contribuables; enfin, les bâtimens, cours & acceffoires feront taxés feulement à raifon du double de
leur fuperficie fur le pied des meilleures terres labourables de la Paroiffe.

IV. Si lefdits châteaux & maifons de campagne font
habités toute l'année par les Propriétaires, la cotifation
en fera faite par comparaifon avec les autres habitations de la Communauté; & s'ils font donnés à loyer
par lefdits Propriétaires, ils feront impofés d'après le
prix de la location qu'ils en retirent.

Tout Officier Municipal, nouvellement élu, qui auroit été nommé antérieurement Collecteur pour 1790,
aura la faculté de fe démettre de la collecte pour ladite
année 1790, s'il le juge à propos; & dans ce cas,
fur la demande dudit Officier Municipal, il fera, par la
Municipalité réunie, fait choix d'un autre Collecteur,
qui fera tenu de fe charger du rôle, fous peine d'y
être contraint par toutes les voies prefcrites par les règlemens, en vertu d'une expédition de la délibération de
la Municipalité, qui fera délivrée au Receveur particulier des finances.

VI. Les Collecteurs nommés pour percevoir les impofitions ordinaires de 1790, feront également tenus
de faire le recouvrement des rôles des Vingtièmes de
ladite année, dans celles des Communautés où ces perceptions avoient été antérieurement féparées, & dans le
cas où aucuns Collecteurs feroient difficulté de fe char-

ger defdits rôles des Vingtièmes les Receveurs particuliers des finances feront & demeureront autorifés à les contraindre, par les voies preferites par les règlemens, au paiement des fommes contenues auxdits rôles de Vingtièmes, à l'expiration des termes ordinaires.

VII. Les Oficiers d'Élections ne perdront point de vue les difpofitions des commiffions du Roi, & celles de l'article XXVI de la Proclamation du 16 Octobre 1789, qui leur défendent de différer, fous quelque prétexte que ce puiffe être, au-delà du délai de trois jours au plus, la vérification d'aucun rôle qui leur aura été préfenté, lorfque par le calcul des colonnes & l'addition des pages, ils fe feront affurés que le montant de ce rôle n'excède point la fomme fixée par les mandemens délivrés par le Bureau intermédiaire.

VIII. Les Procureurs du Roi des fiéges des Élections, continueront à envoyer exactement, au commencement de chaque femaine, au Bureau intermédiaire du Département, la note du nombre des rôles de 1790, qui auront été vérifiés et rendus exécutoires, dans la femaine précédente; & lorfque tous les rôles de leur Élection feront terminés, ils en donneront avis directement au fieur Contrôleur-général des Finances.

IX. La préfente Inftruction fera imprimée & adreffée à chaque Municipalité, & affichée, à la diligence du Procureur de la Commune, à la porte de l'Églife Paroiffiale & autres lieux publics, à ce que perfonne n'en prétende caufe d'ignorance.

D'après les ordres du Roi, ce 21 Mars 1790.

Signé, LAMBERT.

Lettres-Patentes du Roi, sur le Décret de l'Assemblée Nationale, du 14 Mai 1970, pour la vente de Quatre cent millions de Domaines Nationaux.

Données à Paris, le 17 Mai 1790.

LOUIS, par la grâce de Dieu, & par la Loi constitutionnelle de l'Etat, *Roi des François :* A tous ceux qui ces présentes Lettres verront ; Salut. L'Assemblée Nationale considérant qu'il est important de répondre à l'empressement que témoignent les Municipalités & tous les Citoyens, pour l'exécution des Décrets des 19 Décembre 1789 & 17 Mars 1790, sur la vente des Domaines Nationaux. & de remplir en même temps les deux objets proposés dans cette opération, le bon ordre des finances & l'accroissement heureux, sur-tout parmi les habitans des campagnes, du nombre des propriétaires, par les facilités qui seront données pour acquérir ces biens, tant en les divisant, qu'en accordant aux acquéreurs des délais suffisans pour s'acquitter, & en dégageant toutes les transactions auxquelles les ventes & reventes pourront donner lieu, des entraves gênantes & dispendieuses qui pourroient en retarder l'activité, a décrété, le 14 Mai 1790, & Nous voulons & ordonnons ce qui suit :

TITRE PREMIER.

Des ventes aux Municipalités.

ARTICLE PREMIER.

Les Municipalités qui voudront acquérir, seront tenues d'adresser leurs demandes au Comité établi par l'Assemblée Nationale pour l'aliénation des Domaines Nationaux.

Nationaux. Ces demandes feront faites en vertu d'une délibération du Conseil général de la Commune.

II. Les Particuliers qui voudront acquérir directement des Domaines Nationaux, pourront faire leurs offres au Comité, qui les renverra aux administrations ou directoires de Departemens, pour en constater la véritable valeur, & les mettre en vente, conformément au Règlement qui fera inceffamment donné à cet effet.

III. Le prix capital des objets portés dans les demandes, fera fixé d'après le revenu net effectif ou arbitré, mais à des deniers différens, felon l'efpèce de biens actuellement en vente, qui à cet effet font rangés en quatre claffes.

Première Claffe. Les biens ruraux, confiftant en terres labourables, prés, vignes, pâtis, marais falans, & les bois, bâtimens & autres objets attachés aux fermes ou métairies, & qui fervent à leur exploitation.

Deuxième Claffe. Les rentes & preftations en nature de toute efpèce, & les droits cafuels auxquels font fujets les biens grèvés de ces rentes ou preftations.

Troifième Claffe. Les rentes & preftations en argent, & les droits cafuels dont font chargés les biens fur lefquels ces rentes & preftations font dûes.

La *quatrième Claffe* fera formée de toutes les autres efpèces de biens, à l'exception des bois non compris dans la première claffe, fur lefquels il fera ftatué par une Loi particulière.

IV. L'eftimation du revenu des trois premières claffes de biens, fera fixée d'après les baux à ferme exiftans, paffés ou reconnus par-devant Notaires, & certifiés vé-

Recueil de Décrets. IV. Partie.   D

ritables par le ferment des Fermiers devant le directoire
du District; & à défaut de bail de cette nature, elle
sera faite, d'après un rapport d'Experts, sous l'inspection du même directoire, déduction faite de toutes
impositions dûes à raison de la propriété.

Les Municipalités seront obligées d'offrir pour prix
capital des biens des trois premières classes dont elles
voudront faire l'acquisition, un certain nombre de fois
le revenu net, d'après les proportions suivantes :

Pour les biens de la première classe, vingt-deux
fois le revenu net.

Pour ceux de la deuxième, vingt fois.

Pour ceux de la troisième, quinze fois.

Le prix des biens de la quatrième classe, sera fixé
d'après une estimation.

V. Les Municipalités déposeront dans la Caisse de
l'Extraordinaire, immédiatement après leur acquisition,
quinze obligations payables d'année en année, & montant
ensemble aux trois quarts du prix convenu.

Elles pourront rapprocher le terme desdits payemens,
mais elles seront tenues d'acquitter une obligation chaque
année.

Les fermages des biens vendus auxdites Municipalités,
les rentes, loyers, & le prix des bois qu'elles auront le
droit d'exploiter, seront versés dans la Caisse de l'Extraordinaire ou du District, à concurrence des intérêts
par elle dûs.

VI. Les obligations des Municipalités porteront intérêt à Cinq pour cent sans retenue, & cet intérêt sera
versé, ainsi que les capitaux, dans la Caisse de l'Extraordinaire.

VII. Les biens vendus seront francs de toutes rentes,
redevances ou prestations foncières, comme aussi de

tous droits de mutation, tels que quint & requint, lods & ventes, reliefs, & généralement de tous les droits seigneuriaux ou fonciers, soit fixes, soit casuels, qui ont été déclarés rachetables par les Décrets du 4 Août 1789, par Nous sanctionnés, & par nos Lettres patentes sur le Décret du 15 Mars 1790. La Nation demeurant chargée du rachat desdits droits, suivant les règles prescrites, & dans les cas déterminés par nos Lettres patentes sur le Décret du 3 de ce mois, le rachat sera fait des premiers deniers provenant des reventes.

VIII. Seront pareillement lesdits biens affranchis de toutes dettes, rentes constituées & hypothèques, conformément à nos Lettres patentes sur les Décrets des 14 & 16 Avril 1790.

Dans le cas où il seroit formé des oppositions, elles sont dès-à-présent déclarées nulles & comme non avenues, sans qu'il soit besoin que les acquéreurs obtiennent de jugement.

IX. Les baux à ferme ou à loyer desdits biens qui ont été faits légitimement, & qui auront une date certaine & authentique, antérieure au 2 Novembre 1789, seront exécutés selon leur forme & teneur, sans que les acquéreurs puissent expulser les fermiers, même sous l'offre des indemnités de droit & d'usage.

X. Les Municipalités revendront à des particuliers, & compteront de *Clerc à Maître*, avec la Nation, du produit de ces reventes.

XI. Les Municipalités seront chargées de tous les frais relatifs aux estimations, ventes, subrogations & reventes. Il leur sera alloué & fait raison par le Receveur de l'Extraordinaire, du seizième du prix capital des reventes qui seront faites aux particuliers, à mesure & à proportion des sommes payées par les acquéreurs.

D 2

XII. Si, pour completter le payement des obligations aux époques fixées, quelques Municipalités avoient befoin de recourir à des emprunts, elles y feront autorifées par l'Affemblée Nationale, ou par les Légiflatures qui en règleront les conditions.

XIII. Les payemens à faire par les Municipalités, ou par les acquéreurs à leur décharge, ne feront reçus à la Caiffe de l'Extraordinaire qu'en efpèces ou en affignats.

XIV. La fomme totale des ventes qui feront faites aux Municipalités, en vertu du préfent Décret, ne pourra excéder la fomme de Quatre cents millions : l'Affemblée Nationale fe réfervant de prefcrire les règles qui feront obfervées pour les ventes ultérieures qui pourroient avoir lieu.

TITRE SECOND.

De la préférence réfervée aux Municipalités, fur les biens fitués dans leurs territoires.

ARTICLE PREMIER.

Toute Municipalité pourra fe faire fubroger pour les biens fitués dans fon territoire, à la Municipalité qui les auroit acquis ; mais cette faculté n'arrêtera pas l'activité des reventes à des acquéreurs particuliers, dans les délais & les formes prefcrites ci-après ; les Municipalités fubrogées jouiront cependant du bénéfice de cette fubrogation, lorfqu'elle fe trouvera confommée avant l'adjudication définitive.

II. Toutes les terres & dépendances d'un corps de ferme, feront cenfées appartenir au territoire dans lequel fera fitué le principal bâtiment fervant à fon exploitation.

Une pièce de terre non dépendante d'un corps de ferme, & qui s'étendra sur le territoire de plusieurs Municipalités, sera censée appartenir à celui qui en comprendra la plus grande partie.

III. La subrogation devra comprendre la totalité des objets qui auront été réunis dans une seule & même estimation.

IV. Les Municipalités qui auront acquis hors de leurs territoires, seront tenues de le notifier aux Municipalités dans le territoire desquelles les biens sont situés, & de retirer de chacune un certificat de cette notification, qui sera envoyé au Comité.

Les Municipalités ainsi averties, auront un mois à dater du jour de la notification, pour former leur demande en subrogation, & le mois expiré, elles n'y seront plus admises.

V. La demande en subrogation sera faite par délibération du Conseil général de la Commune, contiendra la désignation des objets, sera adressée au Comité, & notifiée à la Municipalité qui auroit précédemment acquis.

VI. Lorsque la demande en subrogation aura été admise par l'Assemblée Nationale, la Municipalité subrogée déposera dans la Caisse de l'Extraordinaire, 1.° des obligations pour les trois quarts du prix de l'estimation des biens qui lui sont cédés. 2.° La soumission de rembourser à la Municipalité sur laquelle elle exercera la subrogation, la part proportionnelle des frais relatifs à la première acquisition, lesquels, en cas de difficulté seront réglés par le Corps Législatif, ou les Commissaires nommés par lui.

VII. Le Receveur de l'Extraordinaire prendra pour comptant les obligations de la Municipalité fubrogée, & donnera décharge d'autant à la Municipalité évincée par la fubrogation.

VIII. Les Municipalités admifes à la fubrogation, feront tenues de remplir les conditions énoncées par l'Article VI dans le délai de deux mois, pour celles qui ne font pas à plus de cinquante lieues de la Municipalité évincée.

De deux mois & demi, pour celles qui font diftantes depuis cinquante jufqu'à cent lieues, & de trois mois pour les autres.

Le tout à compter du jour de la notification prefcrite par l'Article IV. Ces délais expirés, elles feront déchues de la fubrogation.

IX. Toutes les Municipalités qui, dans le délai d'un mois à dater de la publication des préfentes, fe feront fait fubroger pour les fonds fitués dans leurs territoires, aux Municipalités qui auroient fait des foumiffions antérieures, jouiront de la totalité du bénéfice par l'Article XI du Titre premier.

X. Les Municipalités qui fe feront fait fubroger après le délai ci-deffus, jouiront pareillement dudit bénéfice; mais il en fera diftrait un quart au profit de la Municipalité qui, après avoir fait fa foumiffion la première, fe trouvera évincée par la fubrogation, pourvu qu'elle ait confommé l'acquifition dans le mois qui fuivra cette foumiffion.

XI. L'acquifition fera cenfée confommée, lorfqu'après l'eftimation des biens, faite dans la forme prefcrite par l'Article IV du Titre premier, les offres auront été acceptées par le Corps Légiflatif.

TITRE TROISIEME.

Des Reventes aux Particuliers.

ARTICLE PREMIER.

Dans les quinze jours qui suivront l'acquisition, les Municipalités seront tenues de faire afficher aux lieux accoutumés de leurs territoires, à ceux des territoires où sont situés les biens, & des villes, chefs-lieux de District de leurs Départemens, un état imprimé & détaillé de tous les biens qu'elles auront acquis, avec énonciation du prix de l'estimation de chaque objet, & d'en déposer des exemplaires aux Hôtels communs desdits lieux, pour que chacun puisse en prendre communication ou copie sans frais.

II. Aussitôt qu'il sera fait une offre au mois égale au prix de l'estimation, pour totalité ou partie des biens vendus à une Municipalité, elle sera tenue de l'annoncer par des affiches, dans tous les lieux où l'état des biens aura été ou dû être envoyé, & d'indiquer le lieu, le jour & l'heure auxquels les enchères seront reçues.

III. Les adjudications seront faites dans le chef-lieu & par-devant le directoire du District de la situation des biens, à la diligence du Procureur ou d'un Fondé de pouvoir de la Commune venderesse, & en présence de deux Commissaires de la Municipalité dans le territoire de laquelle les biens sont situés, lesquels Commissaires signeront les procès-verbaux d'enchère & d'adjudication, avec les Officiers du Directoire & les Parties intéressées, sans que l'absence des Commissaires dûment avertis, de laquelle sera fait mention dans le procès-verbal, puisse arrêter l'adjudication.

D 4

IV. Les enchères seront reçues publiquement. Il y aura quinze jours d'intervalle entre la premiere & la seconde publication, & il sera procédé, un mois après la seconde, à l'adjudication définitive, au plus offrant & dernier enchérisseur, sans qu'il puisse y avoir ouverture ni au tiercement, ni au doublement, ni au triplement; les jours seront indiqués par des affiches, où le montant de la dernière enchère sera mentionné.

V. Pour appeler à la propriété un plus grand nombre de citoyens, en donnant plus de facilité aux acquéreurs, les payemens seront divisés en plusieurs termes.

La quotité du premier payement sera réglée en raison de la nature des biens plus ou moins susceptibles de dégradation; dans la quinzaine de l'adjudication, les acquéreurs des bois, des moulins & des usines, payeront Trente pour cent du prix de l'acquisition à la Caisse de l'Extraordinaire.

Ceux des maisons, des étangs, *des fonds morts*, & des emplacemens vacans dans les villes, Vingt pour cent.

Ceux des terres labourables, des prairies, des vignes & des bâtimens servans à leur exploitation, & des biens de la seconde classe, Douze pour cent.

Dans le cas où des biens de ces diverses natures seront réunis, il en sera fait ventilation pour déterminer la somme du premier payement.

Le surplus sera divisé en douze annuités égales, payables en douze ans, d'année en année, & dans lesquelles sera compris l'intérêt du capital, à Cinq pour cent sans retenue.

Pourront néanmoins les acquéreurs accélérer leur libération par des payemens plus considérables & plus rapprochés, ou même se libérer entièrement, à quelque échéance que ce soit.

Les acquéreurs n'entreront en possession réelle, qu'après avoir effectué leur premier payement.

VI. Les enchères seront en même temps ouvertes sur l'ensemble, ou sur les parties de l'objet compris en une seule & même estimation ; & si au moment de l'adjudication définitive, la somme des enchères partielles égale l'enchère faite sur la masse, les biens seront de préférence adjugés divisément.

VII. A chacun des payemens sur le prix des reventes, le Receveur de l'Extraordinaire sera tenu de faire passer à la Municipalité qui aura vendu, un *duplicata* de la quittance délivrée aux acquéreurs, & portant décharge d'autant sur les obligations qu'elle aura fournies.

VIII. A défaut de payement du premier à-compte, ou d'une annuité échue, il sera fait dans le mois, à la diligence du Procureur de la Commune venderesse, sommation au débiteur d'effectuer son payement avec les intérêts du jour de l'échéance; & si ce dernier n'y a pas satisfait deux mois après ladite sommation, il sera procédé sans délai à une adjudication nouvelle, à sa folle enchère, dans les formes prescrites par les articles III & IV.

IX. Le Procureur de la Commune de la Municipalité poursuivante, se portera premier enchérisseur pour une somme égale au prix de l'estimation, ou pour la valeur de ce qui restera dû à sa Municipalité; si cette valeur est inférieure au prix de l'estimation, il sera prélevé sur le prix de la nouvelle adjudication, le montant de ce qui se trouvera échu avec les intérêts & les frais, & l'adjudicataire sera tenu d'acquitter au lieu & place de l'acquéreur dépossédé, toutes les annuités à écheoir.

X. Si une Municipalité croyoit devoir conserver pour

quelque objet d'utilité publique, une partie des biens par elle acquis, elle sera tenue de se pourvoir dans les formes prescrites par nos Lettres-Patentes sur le Décret du 14 Décembre 1789, pour obtenir l'autorisation nécessaire, après laquelle elle sera admise à enchérir concurremment avec les Particuliers; & dans le cas où elle demeureroit adjudicataire, elle payera dans les mêmes formes & dans les mêmes délais que tout autre acquéreur.

XI. Pendant les quinze années accordées aux Municipalités pour acquitter leurs obligations, il ne sera perçu, pour aucune acquisition, adjudication, vente, subrogation, revente, cession & rétrocession de Domaines Nationaux, même pour les actes d'emprunts, obligations, quittances & autres frais relatifs auxdites translations de propriété, aucun autre droit que celui de contrôle, qui sera fixé à Quinze sous.

Mandons & ordonnons à tous les Tribunaux, Corps administratifs & Municipalités, que les présentes ils fassent transcrire sur leurs Registres, lire, publier & afficher dans leurs Ressorts & Départemens respectifs. En foi de quoi Nous avons signé & fait contresigner cesdites présentes, auxquelles Nous avons fait apposer le Sceau de l'Etat. A Paris, le dix-septième jour de Mai, l'an de grace mil sept cent quatre-vingt-dix, & de notre règne le dix septième. *Signé* LOUIS. *Et plus bas*, par le Roi, DE SAINT-PRIEST. Vu au Conseil LAMBERT. Et scellées du Sceau de l'Etat.

Lettres-Patentes du Roi sur un Décret de l'Assemblée Nationale, du 27 Mai 1790, concernant les Saisies & Ventes de Meubles contre les Communautés Ecclésiastiques, la Remise des titres de leurs Créanciers, & les Procès relatifs aux fonds qui ont été déclarés être à la disposition de la Nation.

Données à Paris, le 28 Mai 1790.

LOUIS, par la grace de Dieu, & par la Loi constitutionnelle de l'Etat, *Roi des François* : A tous ceux qui ces présentes Lettres verront ; Salut. L'Assemblée Nationale a décrété, le 27 de ce mois, & Nous voulons & ordonnons ce qui suit :

ARTICLE PREMIER.

Il sera sursis à toutes saisies-exécutoires, ventes de fruits, de meubles, & autres poursuites généralement quelconques, contre les Corps & Communautés Ecclésiastiques, réguliers & séculiers, jusqu'à ce qu'il en ait été autrement ordonné, & tous les meubles & effets mobiliers qui pourroient avoir été saisis, seront laissés à la garde desdits Corps & Communautés qui en rendront compte, ainsi & à qui il appartiendra.

II. Tous ceux qui sont ou se prétendent créanciers d'aucuns desdits Corps ou Communautés, seront tenus de remettre aux Assemblées administratives de leur Département, leurs titres de créances, pour y être examinés, & ensuite pourvu à leur paiement.

III. A dater du jour de la publication des présentes, & pendant quatre mois après la formation des Directoires de Départemens, il sera pareillement sursis à l'instruction & au jugement de toutes causes, instances & procès mûs & à mouvoir entre quelque personne que ce soit, concernant les fonds & droits qui ont été déclarés être à la disposition de la Nation.

Mandons & ordonnons à tous les Tribunaux, Corps Administratifs & Municipalités, que les présentes ils fassent transcrire sur leurs Registres, lire, publier & afficher dans leurs Ressorts & Départemens respectifs, & exécuter comme Loi du Royaume. En foi de quoi Nous avons signé & fait contresigner cesdites Présentes, auxquelles Nous avons fait apposer le sceau de l'Etat. A Paris, le vingt-huitième jour du mois de Mai, l'an de grace mil sept cent quatre-vingt-dix, & de notre règne le dix-septième. *Signé*, LOUIS. *Et plus bas*, Par le Roi, DE SAINT-PRIEST. Et scellées du sceau de l'Etat.

Lettres-Patentes du Roi, fur le Décret de l'Affembléo Nationale, du 21 Mai 1790, concernant la diftribution des Bois communaux en ufance.

Données à Paris, le 31 Mai 1790.

L o u i s, par la grâce de Dieu, & par la Loi conftitutionnelle de l'Etat, R o i d e s F r a n ç o i s : A tous ceux qui ces préfentes Lettres verront ; S a l u t. L'Affemblée Nationale, fur le rapport de fon Comité des Finances, pour prévenir les fauffes interprétations données à fes Décrets des 26 Septembre, 29 Novembre & 17 Décembre 1789, concernant les Impofitions, a déclaré, le 21 Mai 1790, & Nous voulons & déclarons ce qui fuit :

Par nos Lettres-Patentes fur les précédens Décrets de l'Affemblée Nationale, concernant les Impofitions, Nous n'avons entendu apporter aucun changement à la manière dont les Bois communaux en ufance doivent être diftribués entre ceux qui y ont droit. En conféquence, ordonnons que dans les lieux où les Bois étoient en partie diftribués au marc la livre, & où les Fermiers & Cultivateurs payoient ci-devant les tailles pour les biens par eux exploités, & où l'on a impofé les Propriétaires non-réfidens, au lieu & place de leurs Fermiers, ceux-ci, quoique non compris dans le rôle, comme ils l'étoient antérieurement, continueront néanmoins d'avoir la portion du bois qui devoit leur arriver dans la diftribution au marc la livre.

Mandons & ordonnons à tous les Tribunaux, Corps adminiftratifs & Municipalités, que les préfentes ils

faſſent tranſcrire ſur leurs Regiſtres, lire, publier &
afficher dans leurs Reſſorts & Territoires reſpectifs,
& exécuter comme Loi du Royaume. En foi de quoi
nous avons ſigné & fait contreſigner ceſdites Préſentes,
auxquelles Nous avons fait appoſer le ſceau de l'Etat.
A Paris, le trente-unième jour du mois de Mai, l'an de
grace mil ſept cent quatre-vingt-dix, & de notre règne
le dix-ſeptième. *Signé*, LOUIS. *Et plus bas*, par le Roi,
DE SAINT-PRIEST. Vu au Conſeil, LAMBERT. Et ſcellées du ſceau de l'Etat.

*Lettres Patentes du Roi, fur un Décret de l'Affem-
blée Nationale, du 31 Mai 1790, relatif à l'Inftruction pour la vente des quatre cents millions des Domaines Nationaux.*

Données à Paris, le 3 Juin 1790.

LOUIS, par la grâce de Dieu, & par la Loi
conftitutionnelle de l'État, *Roi des François*: A tous
ceux qui ces préfentes lettres verront, SALUT. L'Affemblée Nationale a décrété le 31 Mai dernier, &
Nous voulons & ordonnons que l'inftruction qu'elle
a adoptée pour l'exécution du Décret de l'Affemblée
Nationale, du 14 Mai dernier, revêtu de nos lettres
patentes du 17 du même mois, fur la vente des Domaines Nationaux, foit fuivie & exécutée felon fa
forme & teneur, comme le Décret dudit jour 14
Mai, & que les Tableaux des calculs d'annuités foient
imprimés à la fuite de l'inftruction.

Suit la teneur de ladite inftruction.

Les difpofitions de la Loi font renfermées fous
trois titres différens.

Le premier autorife toutes les Municipalités du
Royaume à acquérir des Domaines Nationaux, jufqu'à
concurrence d'une fomme de quatre cents millions, règle
les formalités & les conditions qu'elles auront à remplir, & fixe les profits qu'elles doivent retirer de leurs
acquifitions.

Le second affure à chaque Municipalité une préférence fur les biens fitués dans l'étendue de fon territoire, lui permet de fe faire fubroger à la Municipalité qui les auroit précédemment acquis, & détermine les conditions, les formes & les avantages de la fubrogation.

Le troifième oblige les Municipalités à revendre auffitôt qu'il leur fera fait des offres égales au prix de l'eftimation, & règle les termes & les facilités qui feront accordés aux acquéreurs particuliers.

L'analyfe & le développement des difpofitions de la Loi en faciliteront l'intelligence, & préviendront les difficultés que fon exécution pourroit faire naître.

TITRE PREMIER.

Des ventes aux Municipalités

Il faut diftinguer dans les quatorze articles du premier titre, huit principaux objets.

1°. Les opérations antérieures aux ventes ;

2°. La fixation du prix ;

3°. Ce qui formera le titre tranflatif de propriété en faveur des Municipalités ;

4°. La manière dont le payement doit s'effectuer.

5°. Les précautions prifes pour affurer l'acquittement exact de toutes les obligations des Municipalités, même pendant leur jouiffance intermédiaire, jufqu'à l'époque des reventes.

6°.

6°. Les profits accordés aux Municipalités, & la manière dont il leur en sera fait raison;

7°. Les obligations qui leur sont imposées;

8°. Enfin, quelques dispositions qui ne tiennent qu'indirectement à l'esprit général de la Loi.

Le premier & le second objets sont réglés par les articles I, III & IV.

Les Municipalités convoqueront le Conseil général de leur Commune, pour en connoître le vœu sur l'acquisition des Domaines Nationaux. Si l'acquisition est résolue par le Conseil général, sans une désignation expresse des objets, la Municipalité s'occupera incessamment d'en arrêter le choix, & d'en faire l'indication.

La connoissance des baux de ces biens lui sera fournie à sa première réquisition, soit par les Municipalités qui en auront dressé l'inventaire, soit par tous autres dépositaires publics ou particuliers, & même par les fermiers & locataires.

La Municipalité désignera par sa demande les biens qu'elle aura choisis, & conformera ses offres aux dispositions du Décret, & au modèle annexé à la présente instruction.

Il faudra distinguer soigneusement les biens des trois premières classes, de ceux de la quatrième.

Point de difficulté lorsque les baux ne renfermeront que des biens de la première classe : la Municipalité offrira vingt-deux fois le montant de la redevance annuelle.

Les impositions dues à raison de la propriété, soit que l'usufruitier les supporte, ou que le fermier les paye à sa décharge, seront déduites, pour déterminer le montant du revenu net & fixer celui du capital.

Lorsque les baux renfermeront des biens de la première, des deuxième & troisième classes, s'il est possible de distinguer avec précision les portions de

Recueil de Décrets. IV. Partie.　　　　E

redevances appliquées aux uns & aux autres, les Municipalités pourront offrir vingt-deux fois le montant de la redevance des biens de la première claffe, vingt fois le montant de celle des biens de la deuxième, & quinze fois le montant de celles des biens de la troifième.

Lorfqu'une diftinction précife ne fera pas poffible, & toutes les fois que les biens demandés feront de la quatrième claffe, ou confondus avec des biens des trois dernières, il fera indifpenfable de procéder à une eftimation ou ventilation.

La ventilation fera également néceffaire à l'égard des biens de la première claffe qui font affermés confufément avec des dîmes ou des droits féodaux fupprimés, dont le fermage n'eft pas déterminé par les baux.

Les experts feront nommés, l'un par la Municipalité, l'autre par l'Affemblée ou le Directoire du Diftrict, & le tiers-expert, en cas de partage, par le Département ou fon directoire.

Les Départemens ou directoires font fpécialement autorifés à faire ces nominations, & chargés d'entretenir une correfpondance exacte avec le Comité de l'Affemblée Nationale.

Toutes perfonnes pourront être admifes aux fonctions d'Experts; il fuffira qu'elles en aient été jugées capables & choifies par les parties intéreffées.

Lorfque la demande d'une Municipalité donnera lieu à une eftimation ou ventilation, elle défignera par fa demande même l'expert qu'elle voudra choifir.

Quant à la Commune de Paris dont la Municipalité n'eft pas formée, les experts feront nommés l'un par les Commiffaires actuels de la Commune, l'autre par ceux de l'Affemblée Nationale, qui, relativement aux biens fitués hors du Département de Paris, chargeront de ces nominations les Diftricts des lieux ou leur Di-

rectoire. S'il eſt beſoin d'un tiers-Expert, le Comité
le nommera pour les biens ſitués dans le Département
de Paris; & pour les autres, il le fera nommer par
les Aſſemblées ou Directoires de Départemens.

Les experts donneront dans leurs rapports une connoiſſance exacte, claire & préciſe des objets demandés
& du produit annuel, mais ils s'abſtiendront des détails qui ne ſerviroient qu'à multiplier les frais.

Les Experts eſtimeront par des rapports ſéparés les
biens ſitués ſur des territoires différens, ſauf les cas
énoncés par l'article II du titre II.

3°. Les Décrets par leſquels, après l'évaluation des
objets, les offres des Municipalités ſeront admiſes,
ſoit qu'ils concernent une ſeule ou pluſieurs Municipalités réunies, formeront leurs titres de propriété.

Quant aux Municipalités qui ont fait ou feront
des ſoumiſſions pour des ſommes conſidérables, les
biens qu'elles voudront acquérir, pourront leur être
adjugés par des décrets ſéparés & ſucceſſifs.

4°. & 5°. Les articles V, VI, X, XI & XII du
premier titre, VI & VII du ſecond, & V du troiſième, doivent être rapprochés & réunis.

Ils aſſurent le payement très-exact de toutes les
ſommes qui ſeront dues par les Municipalités, en capital & intérêts.

Juſqu'aux reventes, les fermages & loyers des biens
qu'elles auront acquis, les rentes actives, les produits
des bois qu'elles auront droit d'exploiter, ſeront payés
à concurrence des intérêts de leurs obligations, dans
la Caiſſe de l'Extraordinaire, ou dans celles des Diſtricts qui ſeront prépoſées à cet effet, & avec leſquelles la Caiſſe de l'Extraordinaire correſpondra.

Quant aux Municipalités qui n'ayant pas revendu,
auroient beſoin de recourir à des emprunts pour ſe

E 2

libérer, l'article XII veut qu'elles y soient autorisées par l'Assemblée Nationale ou les Législatures suivantes, qui en régleront les conditions.

Les Municipalités payeront les intérêts de leurs obligations, supporteront les impositions, à compter du jour du Décret par lequel leurs offres auront été admises, & percevront les fruits des biens acquis à compter de la même époque, en proportion de la durée de leur jouissance, en sorte qu'une Municipalité dont les offres auront été admises le 1er. Juillet, aura droit à la moitié des fruits de l'année, soit que la récolte ait précédé ou suivi son acquisition.

Lorsque les reventes seront effectuées, les deniers qui en proviendront seront tous versés directement à la Caisse de l'Extraordinaire, ou dans celles des Districts.

Les Receveurs & Trésoriers de l'Extraordinaire & des Districts feront annuellement raison aux Municipalités des profits qui leur seront acquis, & après leur libération complette, de la totalité des sommes qui leur appartiendront. C'est ainsi que doit s'entendre l'article X qui oblige les Municipalités à compter de clerc à maître du produit de toutes les reventes.

6°. Les avantages accordés aux Municipalités par les articles V, VII, VIII & XI, ont le même motif. C'est parce que le prix de toutes les reventes entrera directement dans la Caisse de l'Extraordinaire, que les Municipalités ne sont soumises à y déposer des obligations que jusqu'à concurrence des trois quarts du prix convenu. Ainsi jusqu'à l'époque des reventes, elles profiteront d'une portion des intérêts de leurs obligations, & après les adjudications, du seizième du prix de toutes les reventes aux particuliers.

Ce profit ne sera point, dans le premier cas, du quart entier de l'intérêt de leurs obligations, puisque, d'un côté, leur capital ne leur donnera pas un produit annuel de cinq pour cent, tandis qu'elles payeront ainsi l'intérêt des obligations, & que de l'autre, elles auront des charges à supporter. Dans le cas des reventes, le produit du seizième sera également diminué par les frais des estimations, ventes, subrogations, & reventes.

7°. Les Municipalités sont tenues, ainsi que les adjudicataires particuliers, à l'entretien des baux antérieurs au 2 Novembre 1789, & conformes aux différentes loix, statuts & coutumes du Royaume, & elles demeureront chargées des réparations locatives & usufruitières.

8°. L'article II a pour objet de rendre possible la vente des Domaines Nationaux qui ne seroient demandés ni par les Municipalités des lieux, ni par aucune autre, & sur-tout de répondre au vœu d'un grand nombre de Citoyens qui desirent pouvoir en acquérir directement.

Les soumissions multipliées que les particuliers adressent au Comité, sont & seront aussi inscrites toutes par ordre de date, & en un registre tenu à cet effet, & envoyées aux Départemens & Districts, ou à leurs Directoires.

Un Décret spécial réglera incessamment les formes des adjudications qui seront faites directement aux particuliers.

Un Comité exprès sera chargé de la liquidation des objets énoncés en l'article VII. Sa disposition & celle de l'article XIV n'apporteront aucun changement à l'intention principale de la Loi. Les ventes qui seront faites en vertu du Décret du 14 Mai, seront portées à une somme de quatre cents millions, déduction faite des rachats & remboursemens dont la Nation est chargée par le même article.

P 3

TITRE II.

De la préférence réservée aux Municipalités sur les biens situés en leurs térritoires.

Les dispositions de ce titre déterminent,

1°. La nature & l'objet du droit de subrogation accordé aux Municipalités des lieux ;

2°. L'obligation imposée en leur faveur aux Municipalités qui auront acquis indirectement ;

3°. Celles qu'auront à remplir les Municipalités qui voudront être subrogées ;

4°. Les conditions desquelles dépendra, pour ces dernières, la conservation entière des profits de l'acquisition ;

5°. Les précautions prises pour que les subrogations n'arrêtent, en aucun cas, l'activité des reventes.

1°. Les art. I, II & III font très-clairement connoître les Domaines Nationaux pour lesquels chaque Municipalité aura un droit de préférence, & ceux qu'elle sera tenue de réunir dans sa demande.

2°. La notification qui leur sera faite par la Municipalité qui les auroit directement acquis, ne leur laissera point ignorer l'existence de leur droit. L'article IV les avertit qu'elles n'ont, pour l'exercer, que le délai d'un mois à compter du jour de la notification.

3°. Les articles V, VI & VIII leur indiquent très-précisément les obligations qu'elles auront à remplir pour obtenir & conserver l'effet de la subrogation.

4°. Ce qu'elles doivent sur-tout soigneusement distinguer, c'est le cas où les Municipalités subrogées profiteront feules du bénéfice accordé par l'article II du premier titre, & celui où elles le partageront avec les Municipalités évincées par la fubrogation.

Le bénéfice appartiendra en entier à toute la Municipalité qui aura demandé & obtenu la fubrogation dans le mois de la publication de la Loi. Elle n'en confervera que les trois quarts, lorfque la fubrogation n'aura point été demandée & obtenue dans ce délai.

Mais comme il ne feroit pas jufte qu'une Municipalité fouffrît d'un retard qui ne feroit pas de fon fait, elle fera fenfée avoir demandé & obtenu la fubrogation dans le délai fixé, lorfque dans le mois de la publication de la Loi, fa demande en fubrogation fera parvenue au Comité, avec les états contenant la défignation des biens & les offres & foumiffions, aux termes de l'article VI du titre II.

Il fera tenu par le Comité un regiftre général où feront très - exactement infcrites, par ordre de date, toutes les demandes des Municipalités, à l'effet d'en conftater les époques & les objets, & d'éviter entr'elles toute efpèce de difficultés.

5°. Une Municipalité qui, fur des offres particulières, aura fait commencer les publications, les fera continuer & pourfuivra l'adjudication définitive. Le bénéfice fera ou ne fera point partagé, fuivant que la Municipalité fubrogée aura ou n'aura point fatisfait aux conditions impofées dans les délais prefcrits.

TITRE III.

Des Reventes aux Particuliers.

Les deux premiers & les fept derniers articles du Titre III n'exigent point d'éclairciffemens, on fe bornera à quelques obfervations relatives aux articles III & IV, & à l'exécution générale de la Loi.

E 4

Les adjudications définitives seront faites à la cha-
leur des enchères & à l'extinction des feux.

On entend par feux, en matière d'adjudication,
de petites bougies qu'on allume pendant les enchères,
& qui doivent durer chacune au moins un demi-quart
d'heure.

L'adjudication prononcée sur la dernière des enchères
faites avant l'extinction d'un feu, sera seulement provisoire, & ne sera définitive que lorsqu'un dernier feu
aura été allumé & sera éteint, sans que, pendant sa
durée, il ait été fait aucune autre enchère.

Les Municipalités dans l'acquisition desquelles il se
trouvera des portions de bois aménagés, se conformeront aux règles précédemment observées pour la coupe
de ces bois.

A l'égard de ceux qui n'étoient point aménagés,
les Municipalités ne pourront faire de coupes qu'en
vertu de l'autorisation des Départemens, qui, dans leurs
décisions, suivront l'usage le plus ordinaire des lieux.

Si pendant la jouissance intermédiaire d'une Municipalité, de grosses réparations sont jugées nécessaires,
elle ne pourra en faire la dépense sans y être autorisée
par le Département qui en décidera sur l'avis du Directoire du District.

Les Municipalités ne pourront également commencer
ou suivre des contestations en justice, qu'en vertu d'une
pareille autorisation.

Quant aux étangs & aux usines, les Départemens &
Districts sont spécialement chargés de veiller à ce que
les Municipalités, & même les acquéreurs particuliers,
jusqu'à l'entier acquittement des obligations, n'y causent
point de dégradations, & en jouissent en bons pères-de-
famille.

Mandons & ordonnons à tous les Tribunaux, Corps
administratifs & Municipalités, que les Présentes ils

faffent tranfcrire fur leurs Regiftres, lire, publier & afficher dans leurs Reforts & Départemens refpectifs, & exécuter comme Loi du Royaume. En foi de quoi nous avons figné & fait contrefigner cefdites préfentes, auxquelles nous avons fait appofer le Sceau de l'Etat. A Paris, le troifième jour du mois de Juin, l'an de grace mil fept cent quatre-vingt-dix, & de notre règne le dix-feptième. *Signé*, LOUIS. *Et plus bas*, par le Roi, DE SAINT-PRIEST. Vu au Confeil, LAMBERT. Et fcellées du Sceau de l'Etat.

MODÈLE DE SOUMISSION à foufcrire par les Municipalités qui veulent acquérir des Domaines Nationaux.

Département de

Diftrict de

Canton de

Municipalité de

NOus Officiers Municipaux de
en exécution de la délibération prife par le Confeil Général de la Commune, le
& conformément à l'autorifation qui nous eft donnée, déclarons que nous fommes dans l'intention de faire, au nom de notre Commune l'acquifition des Domaines Nationaux, dont la défignation fuit :

(Suivra la teneur des Domaines Nationaux qu'on veut acquérir, avec indication de la date & du prix des baux.)

Lefquels biens font affermés ou loués par des baux authentiques paffés devant

Notaires   le (ou les)

& sont constatés être d'un produit annuel de la somme de

Pour parvenir à l'acquisition desdits biens, nous
nous soumettons à en payer le prix d'une manière déterminée par les dispositions du Décret de l'Assemblée
Nationale ; & quant à ceux des biens ci-dessus qui ne
sont point afferinés, & dont le Décret ordonne que
le produit annuel sera évalué par des Experts, pour en
fixer le prix capital, nous consentons à le payer égale-
lement conformément à l'évaluation qui en sera faite
par Experts ; à l'effet de laquelle estimation, nous déclarons choisir pour notre Expert, la (ou les) personne de

que nous autorisons à y procéder conjointement
avec l'Expert (ou les Experts qui seront nommés par
le Directoire du District ; consentons en passer par l'estimation du Tiers expert, qui en cas de partage, sera
nommé par le Département ou son Directoire.

En conséquence, nous nous soumettons à déposer en
la Caisse de l'Extraordinaire, à concurrence des trois
quarts du prix qui sera fixé, quinze obligations payables en quinze années, & portant intérêt à cinq pour
cent, comme aussi à nous conformer d'ailleurs très-
exactement, pour le payement de nos obligations, &
pour notre jouissance jusqu'à l'époque des recettes, à
toutes les dispositions du Décret & de l'instruction de
l'Assemblée Nationale.

FAIT à   le

Nota. *Les Municipalités qui ont déjà formé des de-*
mandes, sont invitées à envoyer, sans délai, au Co-
mité chargé de l'aliénation des Domaines Nationaux, une
nouvelle soumission dans la forme ci-jointe. Leur première

*foumiſſion enregiſtrée au Comité ſervira néanmoins à conſ-
tater par l'ordre de la date , la priorité dans les cas
de concours.*

*Inſtruction pour le payement des annuités & leur rem-
bourſement.*

L'Aſſemblée nationale a autoriſé les acquéreurs de
Domaines Nationaux à ne payer comptant qu'une partie du prix , à condition qu'ils acquitteroient le reſte
en douze payemens égaux faits d'année en année, le
premier payement devant avoir lieu un an après le jour
de l'adjudication.

L'acquéreur devant payer l'intérêt de la ſomme dont
l reſte débiteur , les douze payemens égaux doivent
être déterminés de manière que chacun de ces payemens
renferme d'abord l'intérêt qui eſt dû , & de plus, une
partie du capital. Le taux de cet intérêt eſt fixé a cinq
pour cent, ſans retenue.

L'on ſait qu'on appelle en général *annuités* , des payemens égaux , deſtinés à répartir également , ſur un certain nombre d'années, l'acquittement d'un capital & de
ſes intérêts.

D'après cette vue, l'Aſſemblée Nationale a converti
la portion du prix que l'acquéreur ne paie pas comptant , en une annuité payable pendant douze années
l'intérêt à cinq pour cent s'y trouvant compris.

Pour cent livres de capital avec l'intérêt ſur ce pied,
l'annuité eſt de onze livres cinq ſols ſept deniers : ainſi
un acquéreur doit, par an, autant de fois onze livres
cinq ſols ſept deniers , qu'il lui reſtera de fois cent
livres à payer.

Mais voulant donner aux acquéreurs la facilité de ſe
libérer quand ils le déſirent, l'Aſſemblée Nationale a

décrété qu'ils pourroient rembourfer leurs annuités à volonté, mais feulement néanmoins un an avant l'époque de chaque échéance, afin d'éviter les fractions d'année dans le calcul des intérêts.

Deux exemples ou deux tableaux de calcul vont rendre cette opération fenfible.

PREMIER EXEMPLE.

Le débiteur d'une annuité de onze livres cinq fols fept deniers veut la rembourfer. La fomme néceffaire pour opérer ce remboursement, dépend du nombre d'années pendant lefquelles il doit la payer encore, ou du nombre d'années pour lequel il veut la rembourfer, le remboursement fe faifant toujours un an avant l'époque de l'échéance fuivante.

Ainfi le débiteur de cette annuité (de onze livres cinq fols fept deniers) voulant la rembourfer dès la première échéance, c'eft-à-dire ayant encore à la payer pendant douze années, doit rembourfer une fomme de cent livres.

Première table relative au premier exemple.

Pour le remboursement de douze échéances d'une annuité de 11 l. 5 f. 7 d. . 100 l. f. d.

	l.	f.	d.
Pour onze années	93	14	5.
Pour dix années	87	2	4.
Pour neuf années	80	3	11.
Pour huit années	72	11	5.
Pour fept années	65	5	9.
Pour fix années	57	5	4.
Pour cinq années	48	17	
Pour quatre années	40		2.
Pour trois années	30	14	6.
Pour deux années	20	19	7.
Pour une année	10	14	11.

Le détail des élémens de ce calcul seroit trop long à insérer ; chacun pourra en vérifier ou faire vérifier l'exactitude.

En jettant les yeux sur cette table, chaque acquéreur voit, suivant le nombre d'années qu'il veut rembourser, quelle somme il doit payer pour chaque annuité de 11 livres 5 sols 7 deniers ; il doit payer autant de fois cette somme qu'il devoit payer de fois une annuité de 11 liv. 5 s. 7 d. ou, ce qui revient au même, qu'il lui restoit à payer de fois 100 livres sur le prix de son acquisition.

Comme il peut être commode aux acquéreurs, & qu'ils peuvent préférer de payer une annuité d'une somme exprimée en nombre rond, comme de cent livres, par exemple, & que dans ce cas il est convenable qu'ils connoissent précisément la somme dont ils s'acquitteront en capital, en se soumettant au paiement d'une annuité de 100 livres, la table suivante présentera cette indication, ainsi que celle des sommes qu'un acquéreur devra payer lorsqu'il voudra également rembourser une annuité de 100 livres.

La somme représentée par une annuité de 100 liv. (laquelle comprend le capital & l'intérêt) est de 886 l. 6 sols 5 deniers.

Ainsi, un acquéreur acquittera sur le prix de son acquisition, autant de fois la somme de 886 livres 6 sols 5 deniers, qu'il sera soumis à payer d'annuités de cent livres.

Et lorsque le débiteur d'une annuité de 100 livres voudra la rembourser, il aura à payer les sommes indiquées par la table suivante, d'après le nombre d'années pour lequel il s'agira de la rembourser.

Seconde Table.

Un an avant la première échéance, c'est-à-dire aussi-tôt après l'acquisition, il faut payer :

Pour les douze années · · · · 886 l. 6 f. 5 d.
Pour onze années · · · · · · · 830 12 10
Pour dix années · · · · · · · 772 2 5
Pour neuf années · · · · · · · 710 15 10
Pour huit années · · · · · · · 646 6 5
Pour sept années · · · · · · · 578 12 8
Pour six années · · · · · · · 507 11 5
Pour cinq années · · · · · · · 432 18 10
Pour quatre années · · · · · · 354 12 2
Pour trois années · · · · · · · 272 6 5
Pour deux années · · · · · · · 185 18 10
Pour une année · · · · · · · · 95 4 8

Par le moyen de ces deux tables & de l'observation
qu'une annuité de 11 livres 5 sols 7 deniers répond à
100 livres de capital, & 886 livres 6 sols 5 deniers
de capital à une annuité de 100 livres, on n'aura besoin que de calculs très simples pour appliquer à chaque acquisition particulière les clauses du Décret.

Lettres-Patentes du Roi , sur un Décret de l'Assemblée Nationale , du 2 de ce mois , concernant les pourfuites à exercer & les précautions à prendre contre les brigands & les imposteurs , qui séduisent , trompent & soulèvent le Peuple , notamment dans les Départemens du Cher , de la Nièvre , de l'Allier & de la Corrèze.

Données à Paris, le 3 Juin 1790.

LOUIS, par la grace de Dieu, & par la Loi conftitutionnelle de l'État, ROI DES FRANÇOIS : A tous ceux qui ces préfentes Lettres verront ; SALUT. L'Affemblée Nationale, informée & profondément affligée des excès qui ont été commis par des troupes de brigands & de voleurs, dans les Départemens du Cher, de la Nièvre & de l'Allier, & qui fe font étendus jufque dans celui de la Corrèze ; excès qui, attaquant la tranquillité publique, les propriétés & les poffeffions, la sûreté & la clôture des maifons & des héritages, la liberté fi néceffaire de la vente & circulation des grains & fubfiftances, répandent par-tout la terreur, menacent même la vie des citoyens, & amèneroient promptement, s'ils n'étoient réprimés, la calamité de la famine ; excès enfin qui, par la contagion de l'exemple, par des infinuations perfides, par la publication de faux Décrets de l'Affemblée Nationale, ont entraîné quelques-uns des bons & honnêtes habitans des campagnes dans des violences contraires à leurs principes connus, & capables de les priver pour long-temps du bonheur que l'Affemblée Nationale travaille fans ceffe à leur procurer :

Confidérant qu'il n'y a que deux moyens d'empêcher les défordres ; l'un, en éclairant continuellement les bons Citoyens & les *honnêtes gens*, que les ennemis de

la Constitution & du bien public essayent continuellement de tromper ; l'autre, en opposant aux brigands,
d'un côté, des forces capables de les contenir, d'un
autre côté, une justice prompte & sévère, qui punisse les
chefs, auteurs & instigateurs des troubles, & effraye les
méchans qui pourroient être tentés de les imiter, a décrété, le 2 de ce mois, & Nous voulons & ordonnons
ce qui suit :

ARTICLE PREMIER.

Tous ceux qui excitent le peuple des Villes ou des
Campagnes, à des voies de fait & violence contre les
propriétés, possessions & clôtures des héritages, la vie
& la sûreté des citoyens, la perception des impôts, la
liberté de vente & de circulation des denrées & subsistances, sont déclarés ennemis de la Constitution, des
travaux de l'Assemblée Nationale, de la Nation & de
Nous. Il est enjoint à tous les *honnêtes gens* d'en faire
la dénonciation aux Municipalités, aux Administrations
de Département & à l'Assemblée Nationale.

II. Tous ceux qui excitent le peuple à entreprendre
sur le pouvoir législatif des Représentans de la Nation,
en proposant des règlemens quelconques sur le prix des
denrées, la police champêtre, l'évaluation des dommages, le prix & la durée des baux, les droits sacrés de
la propriété & autres matières, sont également déclarés
ennemis de la Constitution, & il est enjoint de les dénoncer : tous règlemens semblables sont déclarés nuls &
de nul effet.

III. Tous ceux qui se prévaudront d'aucuns prétendus
Décrets de l'Assemblée Nationale, non revêtus des
formes prescrites par la Constitution, & non publiés par
les Officiers qui sont chargés de cette fonction, sont déclarés ennemis de la Constitution, de la Nation & de
Nous.

Nous. Il est enjoint de les dénoncer, & ils seront punis comme perturbateurs du repos public, aux termes de l'article premier du Décret du 25 Février dernier, par Nous sanctionné.

IV. Les Curés, Vicaires & Desservans qui se refuseront à faire au Prône, à haute & intelligible voix, la publication des Décrets de l'Assemblée Nationale, acceptés ou sanctionnés par Nous, sont déclarés incapables de remplir aucunes fonctions de Citoyens actifs; à l'effet de quoi il sera dressé Procès verbal à la diligence du Procureur de la Commune, de la réquisition faite aux Curés, Vicaires & Desservans, & de leur refus.

V. Il est défendu à tout Citoyen actif de porter aucune espèce d'armes ni bâtons dans les Assemblées primaires ou électorales; il est enjoint aux Maires & Officiers Municipaux d'y veiller, tant en empêchant les Citoyens de partir armés pour le chef-lieu du canton, qu'en obligeant, à l'arrivée dans le chef-lieu, les Citoyens actifs des différentes Paroisses, de déposer les armes qu'ils pourroient avoir & leurs bâtons, avant d'entrer dans l'Assemblée.

Il est expressément défendu de porter aucune espèce d'armes dans les Églises, dans les Foires, Marchés & autres lieux de rassemblement, sans préjudice des Gardes chargées du maintien de la police.

VI. Tout Citoyen qui, dans une Assemblée primaire ou électorale, se portera à quelque violence, fera quelque menace, engagera quelque acte de révolte, exclura ou proposera d'exclure de l'Assemblée quelques Citoyens connus pour Citoyens actifs, sous le prétexte de son état, de sa profession, & sous tous autres prétextes, sera jugé à l'instant par l'Assemblée même, condamné à se retirer & privé de son droit de suffrage. Les *honnêtes gens* & les amis de la Conſtitution ſont ſpécialement chargés de veiller à l'exécution du préſent article.

VII. Les Officiers Municipaux, tant du chef-lieu que des Paroiſſes, dont les habitans compoſeront les Aſſemblées primaires, ſe concerteront enſemble pour avoir une force ſuffiſante à l'effet de maintenir la tranquillité publique & l'exécution des articles ci-deſſus dans le lieu des Aſſemblées, ſans néanmoins qu'aucun homme armé puiſſe entrer dans ces Aſſemblées, ſi ce n'eſt dans les cas prévus par le Décret du 28 Mai dernier, que Nous avons accepté.

VIII. Tous les Citoyens, quel que ſoit leur état & profeſſion, les Laboureurs, Fermiers & Métayers, les Commerçans & Marchands de grains & ſubſiſtances, toutes propriétés & toutes poſſeſſions actuelles, ſont placés ſous la ſauve-garde & protection de la Loi, de la Conſtitution, de Nous & de l'Aſſemblée Nationale, ſans préjudice, ſoit des actions que chacun pourra porter devant les Tribunaux, ſoit des précautions que les Corps municipaux ou adminiſtratifs prendront pour aſſurer d'une manière paiſible la ſubſiſtance du peuple. Tous ceux qui contreviendront au préſent article, ſeront reconnus & dénoncés par les honnêtes gens, comme ennemis de la Conſtitution & des travaux de l'Aſſemblée Nationale, de la Nation & de Nous.

IX. Ceux qui ſe permettront des excès ou outrages à l'égard des Officiers municipaux, des Adminiſtrateurs de Département & de Diſtrict, & des Juges, ſeront rayés du tableau civique, déclarés incapables & privés de tout exercice des droits de Citoyen actif, en punition d'en avoir violé les devoirs.

X. Quant à ceux qui auront commis ou commettront des voies de fait & des violences, ſoit contre les pro-

priétés & poffeffions actuelles, foit contre les perfonnes,
& particulièrement quant aux chefs des émeutes, & fur-
tout aux auteurs & inftigateurs de pareils attentats, ils
feront arrêtés, conftitués prifonniers, & punis felon
toute la rigueur des Loix, fans préjudice de l'exécution
de la Loi martiale dans les cas où elle doit avoir lieu,
fuivant le Décret du 21 Octobre dernier, par Nous fanctionné.

XI. Tous les Citoyens de chaque Commune, qui
auront pu empêcher les dommages caufés par ces violences, en demeureront refponfables aux termes de l'article V du Décret du 23 Février dernier, par Nous fanctionné.

XII. Les Gardes Nationales qui ne font que les Citoyens actifs eux-mêmes, & leurs enfans armés pour la
défenfe de la Loi, les Troupes réglées, les Maréchauf-
fées, déféreront fans délai à toutes réquifitions qui leur
feront faites par les Corps adminiftratifs & municipaux
pour le maintien de la tranquillité & du refpect pour
les Décrets de l'Affemblée Nationale, acceptés ou fanctionnés par Nous. Elles veilleront particulièrement fur
le bon ordre dans les Affemblées qu'il eft d'ufage de
former en divers lieux pour célébrer la fête de chaque
Paroiffe, ou pour louer les domeftiques de campagne.

XIII. La connoiffance & le jugement en dernier reffort des crimes & attentats commis dans les émeutes &
attroupemens qui ont eu lieu à compter du premier Mai
dernier, ou qui auroient lieu à l'avenir dans les Départemens du Cher, de la Nièvre, de l'Allier & de la Corrèze, font attribués refpectivement aux Siéges préfidiaux,
Bailliages & Sénéchauffées de Bourges, Saint-Pierre-le-
Moutier, Moulins & Limoges. Il leur eft enjoint de
rechercher principalement & de punir fuivant toute la
rigueur des Loix, les chefs des émotions populaires, les

auteurs, fauteurs & instigateurs des troubles, & de faire, sans retardation de jugement, parvenir à l'Assemblée Nationale, tous les renseignemens, instructions & preuves qu'ils auront pu se procurer par la voie de la procédure.

Mandons & ordonnons à tous les Tribunaux, Corps administratifs & Municipalités, que les présentes ils fassent transcrire sur leurs registres, lire, publier & afficher dans leurs Ressorts & Départemens respectifs, & exécuter comme Loi du Royaume. Ordonnons, en outre, que cesdites Présentes seront envoyées spécialement & sans délai, aux Présidiaux, Bailliages & Sénéchaussées de Bourges, Saint-Pierre-le-Moutier, Moulins & Limoges, ainsi qu'aux Villes, Bourgs & Communautés des Départemens du Cher, de la Nièvre, de l'Allier & de la Corrèze. En foi de quoi Nous avons signé & fait contresigner cesdites présentes, auxquelles Nous avons fait apposer le sceau de l'Etat. A Paris, le troisième Jour du mois de Mai, l'an de grace mil sept cent quatre-vingt-dix, & de notre règne le dix-septième. *Signé*, LOUIS. *Et plus bas*, par le Roi, DE SAINT-PRIEST. Et scellées du Sceau de l'Etat.

Proclamation du Roi, sur un Décret de l'Assemblée Nationale, en faveur du sieur de la Borde, Lieutenant-général de la Ville de Crécy.

du 5 Juin 1790.

Vu par le Roi le Décret dont la teneur suit :

Décret de l'Assemblée Nationale du 20 Avril 1790.

L'Assemblée Nationale, après avoir entendu son Comité des Rapports, déclare que tout Citoyen qui n'est prévenu d'aucun délit, doit jouir tranquillement de sa liberté & de son état, & être en sûreté sous la sauve-garde de la Loi : en conséquence, que la Municipa-lité de Crécy auroit dû & doit employer tous les moyens qui sont en son pouvoir, pour faire jouir le sieur de la Borde, Lieutenant général de cette Ville, des droits appartenant à tous les Citoyens.

Le Roi a sanctionné & sanctionne ledit Décret : en conséquence, Sa Majesté mande & ordonne aux Offi-ciers municipaux de la Ville de Crécy, d'employer tous les moyens qui sont en leur pouvoir pour faire jouir le sieur de la Borde, Lieutenant général de cette Ville, des droits appartenant à tous les Citoyens.

Fait à Paris, le cinq Juin mil sept cent quatre-vingt-dix. *Signé* LOUIS. *Et plus bas*, par le Roi, DE SAINT-PRIEST. Et scellées du Sceau de l'Etat.

———————

Lettres-Patentes du Roi, sur le Décret de l'Assemblée Nationale, du 6 Juin 1790, concernant l'assujettissement aux Droits d'entrée de la Ville de Paris, de tout le territoire que renferme la ligne de l'enceinte des murs de cette Ville.

Données à Paris le 9 Avril 1790.

LOUIS, par la grace de Dieu, & par la Loi consti-tutionnelle de l'Etat, *Roi des François :* A tous ceux qui ces présentes Lettres verront ; SALUT. L'Assemblée Nationale a décrété le 6 de ce mois, & Nous vou-lons & ordonnons ce qui suit :

A compter du jour de la publication des présentes, tout le territoire que renferme la ligne de l'enceinte des

F 3

murs de Paris, fera foumis aux Droits d'entrée dans cette Ville, & réciproquement le territoire qui étoit antérieurement fujet à ces Droits, & qui fe trouve placé hors de l'enceinte, fera foumis au régime des impofitions ou perceptions établies dans la Banlieue, dont il fera déformais partie. Ordonnons, en outre, que la Municipalité de Paris veillera à l'exécution des Règlemens précédemment rendus fur la diftance à obferver entre les bâtimens & les murs, & fur tous les objets relatifs à la fûreté de la perception.

Mandons & enjoignons à tous les Tribunaux, Corps adminiftratifs & Municipalités, que les préfentes ils faffent tranfcrire fut leurs regiftres, lire, publier, afficher & exécuter dans leurs refforts & départemens refpectifs, & exécuter comme Loi du Royaume. En foi de quoi Nous avons figné & fait contre-figner cefdites Préfentes, auxquelles Nous avons fait appofer le fceau de l'Etat, A Paris, le neuvième jour du mois de Juin, l'an de grace mil fept cent quatre-vingt-dix, & de notre règne le feizième. *Signé* LOUIS. *Et plus bas*, par le Roi, DE SAINT-PRIEST. Vu au Confeil, LAMBERT. Et fcellées du fceau de l'Etat.

Proclamation du Roi, sur un Décret de l'Assemblée Nationale portant que personne ne pourra avoir un Commandement de Gardes Nationales dans plus d'un Département.

Du 10 Juin 1790.

Vu par le Roi le Décret dont la teneur suit :

Décret de l'Assemblée Nationale, du Mardi 8 Juin 1790, du matin.

L'Assemblée Nationale décrète, comme principe constitutionnel, que personne ne pourra avoir un Commandement de Gardes Nationales dans plus d'un Département, & se réserve de délibérer si ce Commandement ne doit pas même être borné à l'étendue de chaque District.

Le Roi, acceptant ledit Décret, mande & ordonne à toutes les Municipalités du Royaume, de le faire observer & exécuter. Ordonne pareillement aux Commandans des Gardes Nationales de s'y conformer.

Fait à Paris, le 10 Juin mil sept cent quatre-vingt-dix. *Signé*, LOUIS. *Et plus bas*, par le Roi, DE SAINT-PRIEST.

F 4

Proclamation du Roi sur un Décret de l'Assemblée Nationale, relatif à la fédération générale des Gardes Nationales & des Troupes du Royaume.

Du 10 Juin 1790.

Vu par le Roi le Décret dont voici la teneur:

Décret de l'Assemblée Nationale, des Mardi 8 & Mercredi 9 Juin 1790.

Du 8 Juin 1790.

L'Assemblée Nationale a décrété & décrète ce qui suit:

ARTICLE PREMIER.

Le Directoire de chaque District du Royaume, & dans le cas où le Directoire ne seroit pas encore en activité, le Corps municipal du chef-lieu de chaque District, est commis par l'Assemblée Nationale à l'effet de requérir les Commandans de toutes les Gardes Nationales du District, d'assembler lesdites Gardes, chacune dans son ressort. Lesdites Gardes ainsi assemblées choisiront six hommes sur cent, pour se réunir au jour fixé par le Directoire, ou par le Corps municipal requérant, dans la Ville du chef-lieu de District. Cette réunion de Députés choisira, en présence du Directoire ou du Corps municipal, dans la totalité des Gardes Nationales du District un homme par deux cents, qu'elle chargera de se rendre à Paris à la Fédération de toutes les Gardes Nationales du Royaume, qui aura lieu le quatorze Juillet. Les Districts éloignés de la Capitale de plus de cent lieues, auront la liberté de n'envoyer qu'un Député par quatre cents.

II. Le Directoire de chaque District, ou, à son défaut, la Municipalité du chef-lieu de District, fixeront, de la manière la plus économique, la dépense à allouer aux Députés, pour le voyage & le retour, & cette dépense sera supportée par chaque District.

Du 9 Juin.

L'Assemblée Nationale a décrété & décrète que tous les Corps militaires, soit de terre, soit de mer, nationaux ou étrangers, députeront à la Fédération patriotique, conformément à ce qui sera réglé ci après.

Chaque Régiment d'Infanterie ou d'Artillerie députera l'Officier le plus ancien de service, les années de Soldat comptées parmi ceux qui seront présens au Corps, le bas Officier le plus ancien de service parmi ceux qui sont présens au Corps, & les quatre Soldats les plus anciens de service, présens au Corps, & pris indistinctement parmi les Caporaux, Appointés, Grenadiers, Chasseurs, Fusiliers, Tambours & Musiciens du Régiment.

Le Régiment du Roi & celui des Gardes-Suisses, à raison de leur nombre, enverront une députation double de celle fixée pour les Régimens ordinaires.

Les bataillons de Chasseurs à pied députeront un Officier, un bas-Officier & deux Chasseurs, conformément aux règles prescrites pour les Régimens d'Infanterie.

Le Corps des ouvriers de l'Artillerie & celui des Mineurs députeront chacun un Officier, un bas-Officier & deux Soldats, comme pour les bataillons de Chasseurs à pied.

Les mêmes règles désignées ci-dessus seront observées pour tous les Régimens de Cavalerie, Dragons, Chasseurs & Hussards, avec cette différence qu'ils ne députeront qu'un Officier, un bas-Officier, & deux Cavaliers seulement. Le seul Régiment des Carabiniers, double en nombre des Régimens de Cavalerie ordinaire, aura une députation double de ces derniers.

Le Corps-Royal du Génie députera le plus ancien Officier de chaque grade, & à égalité d'ancienneté, le rang de promotion décidera.

La Maréchauſſée ſera repréſentée par les quatre plus anciens Officiers, les quatre plus anciens bas-Officiers, & les douze plus anciens Cavaliers du Royaume.

La compagnie de la Connétablie ſera repréſentée par le plus ancien individu de chaque grade, d'Officier, bas-Officier & Cavalier.

Par égard pour de vieux Militaires qui ont bien mérité de la Patrie & qui ont acquis le droit de ſe livrer au repos, le Corps des Invalides ſera repréſenté par les quatre plus anciens Officiers, les quatre plus anciens bas-Officiers, & les douze plus anciens Soldats retirés à l'Hôtel royal des Invalides.

Les Commiſſaires des guerres ſeront repréſentés par un Commiſſaire-ordonnateur, un Commiſſaire ordinaire, & un Commiſſaire-Élève le plus ancien de chacun de ces grades.

Le Corps des Lieutenans des Maréchaux de France ſera repréſenté par le plus ancien d'entr'eux.

Quant aux Compagnies de la Maiſon militaire du Roi, celle des Frères de Sa Majeſté, & tous autres Corps militaires non-réunis, ils ſeront repréſentés chacun par le plus ancien de chaque grade.

En cas d'égalité de ſervice, le plus ancien d'âge aura la préférence.

Les Maréchaux de France, les Lieutenans-généraux, les Maréchaux-de-camp, & les grades correſpondans de la Marine, députeront les deux plus anciens Officiers de chacun de ces différens grades.

L'Aſſemblée Nationale déclare qu'elle n'entend rien préjuger ſur l'exiſtence ou le rang des Corps militaires

ci-deſſus dénommés, & même de ceux qui ne le ſont
pas.

Dudit jour

L'Aſſemblée Nationale a décrété & décrète ſur les
articles à elle propoſés par ſon Comité de Marine, que
le plus ancien des Vice-Amiraux, & les deux plus anciens Officiers de chaque grade, actuellement en ſervice dans chacun des Ports de Breſt, Toulon & Rochefort, ſeront députés au nom du Corps de la Marine,
à la confédération générale indiquée pour le 14 Juillet.

Chacune des diviſions du Corps royal des Canonniers-
Matelots actuellement en ſervice dans les Ports de Breſt,
Toulon & Rochefort, députera le plus ancien des Offi-
ciers-Majors & ſous-Lieutenant de la Diviſion, le plus
ancien des bas-Officiers & les quatre plus anciens Canonniers-Matelots.

Les Ingénieurs, Conſtructeurs de la Marine, ſervant
dans chaque Port, députeront le plus ancien d'entr'eux.

Les Maîtres de toute eſpèce, & Officiers-Mariniers
entretenus dans chaque Port, députeront le plus ancien
de ſervice d'entr'eux, & l'ancienneté ſera comptée par
les ſervices de Mer.

Les deux plus anciens Élèves & les deux plus anciens
Volontaires de la Marine, ſeront députés par le Com-
mandant dans chacun des Ports de Breſt, Toulon &
Rochefort.

Les Commiſſaires généraux & ordinaires des Ports &
Arſenaux, & autres Corps ſervant dans chacun des Ports
de Breſt, Toulon & Rochefort, députeront le plus ancien d'entr'eux.

Dans tous les Ports de mer, les Capitaines de Marine
marchande pourront députer à la Fédération générale,
le plus ancien d'entr'eux.

Le Roi a fanctionné & fanctionne ledit Décret, pour
être exécuté fuivant fa forme & teneur En conféquence,
mande & ordonne aux Corps adminiftratifs & Municipalités du Royaume, de le faire obferver & exécuter
par les Gardes Nationales de leur reffort. Ordonne pareillement Sa Majefté à tous Commandans des Gardes
Nationales, & à tous Commandans des Corps Militaires, foit de terre, foit de mer, Nationaux ou Etrangers, & aux Officiers de tous grades, de s'y conformer
ponctuellement, & de veiller, en ce qui les concernera,
à fon exécution.

Fait à Paris, le dix Juin mil fept cent quatre-vingt-
dix. *Signé* LOUIS. *Et plus bas*, par le Roi, DE
SAINT-PRIEST.

*Proclamation du Roi, fur un Décret de l'Affemblée
Nationale, concernant la levée des Matelots.*

Du 10 Juin 1790.

Vu par le Roi le Décret dont la teneur fuit:

Décret de l'Affemblée Nationale, du 28 Mai 1790.

L'Affemblée Nationale décrète que la levée des Matelots fera faite provifoirement comme par le paffé.

Le Roi a fanctionné & fanctionne ledit Décret, pour
être exécuté. Mande & ordonne Sa Majefté aux Corps
adminiftratifs & à toutes les Municipalités du Royaume,
de tenir la main à fon exécution.

Fait à Paris, le dix Juin mil fept cent quatre-vingt-
dix. *Signé* LOUIS. *Et plus bas*, par le Roi, DE
SAINT-PRIEST.

Proclamation du Roi, concernant l'indemnité à accorder
aux habitans du territoire compris dans la ligne de
l'enceinte des murs de Paris, & dès-lors assujettis
aux droits d'entrée de ladite Ville, par les Lettres-
Patentes du 9 Juin 1790, sur les Impositions ordinaires
auxquelles ils sont déjà cottisés dans les rôles des Com-
munautés de la campagne ; & concernant l'imposition
pour l'année 1790, de ceux des habitans des Paroisses
de Paris, qui se trouvent placés hors de ladite en-
ceinte.

Du 13 Juin 1790.

Le Roi, par ses Lettres-Patentes du 9 Juin 1790,
sur le Décret de l'Assemblée Nationale du 6 du même
mois, a ordonné qu'à compter du jour de la publication desdites Lettres - Patentes, tout le territoire que
renferme la ligne de l'enceinte des murs de Paris, seroit
soumis aux droits d'entrées dans cette Ville, & réciproc-
quement que le territoire qui étoit antérieurement sujet
à ces droits & qui se trouve placé hors de l'enceinte,
seroit soumis au régime des Impositions établies dans la
banlieue, dont il feroit désormais partie.

Pour concilier les dispositions de ces Lettres-Patentes
avec celles déjà faites pour l'établissement des Impositions ordinaires de 1790, dans l'ancienne division de la
Province de l'Isle de France, Sa Majesté a jugé nécessaire de déterminer l'indemnité qu'auront à réclamer
sur leur cotisation déjà réglée pour l'année entière 1790,
dans la Province de l'Isle de France, ceux des habitans
des Paroisses voisines de la Ville de Paris, qui, compris dans la nouvelle enceinte, se trouveront soumis, pour
une portion de la même année, aux droits d'entrées,
comme aussi de régler de quelle manière seront cotisés

aux impofitions directes, pour la préfente année 1790 feulement, les habitans des Paroiffes de la Ville de Paris qui fe trouveront affranchis defdits droits d'entrées.

En conféquence, Sa Majefté a ordonné & ordonne ce qui fuit :

ARTICLE PREMIER.

Ceux des habitans dépendans ci-devant des Paroiffes & Communautés de la campagne, qui, impofés déjà pour l'année entière 1790, dans les rôles defdites Paroiffes & Communautés, à l'Impofition principale repréfentative de la taille & aux impofitions acceffoires & capitation, fe trouveront, au moyen de la pofition de leur domicile, en dedans de la nouvelle enceinte, affujettis aux droits d'entrées, en exécution des Lettres-patentes du Roi fur le Décret de l'Affemblée Nationale du fix de ce mois, feront, en indemnité de leur affujettiffement auxdits droits d'entrées, déchargés de la moitié de la fomme qui leur aura été demandée pour l'impofition principale, & pour la preftation des chemins, dans lefdites Paroiffes & Communautés.

II. Lefdits habitans ne feront point au furplus cotifés pour la préfente année 1790 feulement, dans les rôles de capitation de la Ville de Paris, & en conféquence feront tenus d'acquitter la totalité des fommes pour lefquelles ils auront été cotifés aux impofitions acceffoires & capitation, dans les rôles de la Province de l'Ifle de France.

III. A l'égard de ceux des habitans des paroiffes de Paris, qui fe trouvoit hors de la nouvelle enceinte, auront été affranchis des droits d'entrées, à compter de la publication des Lettres-patentes du 9 Juin préfent mois, & qui, pour ledit efpace de temps, ne pourroient être cotifés dans les rôles des Municipalités voiânes qui font déja formés, ils continueront, pour cette année feulement, d'être compris dans les rôles de capitation de la Ville de Paris, & leur cotifation fera réglée d'après les bafes énoncées aux Lettres-Patentes du vingt-neuf Avril 1790 fur le Décret de l'Affemblée Nationale, du 18 du même mois, concernant les impofitions ordinaires de la ville de Paris, avec la moitié en fus en remplacement des droits d'entrées dont ils fe trouveront affranchis.

A Paris, le treize Juin mil fept cent quatre-vingt-dix. *Signé* LOUIS. *Et plus bas*, Par le Roi, DE SAINT-PRIEST.

Proclamation du Roi fur le Décret de l'Affemblée Nationale, du premier Juin 1790, concernant la forme, la valeur & le nombre des Affignats.

Du 13 Juin 1790.

Vu par le Roi le décret de l'Affemblée Nationale, du premier Juin 1790 dont la teneur fuit :

L'Affemblée Nationale, après avoir entendu le rapport des Commiffaires du Comité des Finances, chargés de furveiller la fabrication des Affignats, a décrété & décrète ce qui fuit :

ARTICLE PREMIER.

Les quatre cents millions d'Affignats créés par les Décrets des 19 & 11 Décembre 1789, 16 & 17 Avril 1790, feront divifés en douze cents mille billets ; favoir,

Cent cinquante mille Billets de mille livres.
Quatre cent mille Billets de trois cents livres.
Six cent cinquante mille Billets de deux cents livres.

Les Billets de mille livres feront divifés en fix Séries de vingt-cinq mille billets chacune, numérotés dépuis 1 jufqu'à 25,000.

Les Billets de trois cents livres feront divifés en huit Séries de cinquante mille Billets chacune, numérotés depuis 1 jufqu'à 50,000.

Les Billets de deux cents livres feront divifés en treize Séries de cinquante mille Billets chacune, numérotés depuis 1 jufqu'à 50,000.

II. Les Billets de mille & de deux cents livres feront imprimés fur du papier blanc, & ceux de trois cents livres fur du papier rofe.

Les Billets de mille livres feront imprimés en lettres rouges; ceux de trois cents & de deux cents livres en lettres noires.

Chaque Affignat aura pour titre : *Dom ines Nationaux, hypothéqués au rembourfement des Affignats décrétés par l'Affemblée Nationale les 19 & 21 Décem- 1789, 16 & 17 Avril 1790, fanctionnés par le Roi.*

Le corps de l'Affignat contiendra un Billet à ordre fur la Caiffe de l'Extraordinaire, figné au bas dudit Billet par le Tireur, & au revers par l'Endoffeur, lefquels Tireur & Endoffeur auront été nommés par le Roi.

IV. Au deffus du Billet à ordre fera imprimée l'effigie du Roi ; & au-deffous dudit Billet, un timbre aux armes de France, avec ces mots : *La Loi & le Roi.*

V. Trois coupons d'une année d'intérêt chacun, feront placés au bas de chaque Affignat ; & au revers des lignes qui les fépareront, feront imprimés les mots : *Domaines Nationaux & Caiffe de l'Extraordinaire.*

Ces mots feront difpofés de manière qu'on ne puiffe féparer

féparer les coupons de l'Affignat, fans en couper une ligne entière dans fa longueur.

Un Timbre fec, aux armes de France, fera frappé fur le revers defdits coupons.

VI. Le revers de l'Affignat fera divifé en plufieurs cafes, dont la première recevra la fignature de l'Endoffeur nommé par le Roi ; les autres cafes ferviront aux autres Endoffeurs, s'il y a lieu.

VII. Il pourra être établi dans chaque ville, chef-lieu de Département, & dans toutes les autres Villes principales du Royaume, fur leur demande, un Bureau de vérification fous la furveillance, foit des Affemblées de Département, foit des Municipalités, & d'après le Règlement que le Roi fera fupplié de rendre.

D'après les demandes qui feront faites par lefdites Affemblées de Département ou Municipalités, il leur fera adreffé les inftructions néceffaires pour la perfonne commife à la vérification.

Un double de cette inftruction fera dépofé au gréffe du Tribunal du Département.

VIII. Les Vérificateurs feront tenus, toutes les fois qu'ils en feront requis, de procéder fans frais à la vérification des Affignats qui leur feront préfentés, & de les certifier.

IX. Lorfque les Affignats feront envoyés par la pofte, ils pourront être paffés à l'ordre de celui à qui ils feront adreffés, & dès-lors, ils n'auront plus cours que par fa fignature.

X. Les formes qui auront été employées pour la fabrication du papier, ainfi que les lettres majufcules, les planches gravées & les différens timbres qui auront été employés à leur compofition, feront dépofés aux archives

de l'Assemblée Nationale, & ne pourront en être déplacés que par un Décret spécial.

Collationné à l'original par nous Président & Secrétaires de l'Assemblée Nationale. A paris, les jour & an que dessus. Signé *BRIOIS DE BEAUMEZ*, Président ; l'Abbé *Colaud de la Salcette, Chabroud, de Fermon, de Jessé, Prieur*, Secrétaires.

Le Roi a sanctionné & sanctionne ledit Décret, pour être exécuté selon sa forme & teneur. Fait à Paris, le treize Juin mil sept cent quatre-vingt-dix. *Signé*, LOUIS. *Et plus bas* , par le Roi , DE SAINT-PRIEST.

Proclamation du Roi , sur le Décret de l'Assemblée Nationale, du 9 Mai 1790, relatif à la signature des Assignats.

Du 13 Juin 1790.

Vu par le Roi, le Décret de l'Assemblée Nationale, dont la teneur suit :

L'Assemblée Nationale décrète que la fonction de signer les Assignats sur les biens Nationaux , sera attribuée à vingt personnes, & que le Roi sera supplié de faire connoître, par une Proclamation, les noms des Signataires que Sa Majesté aura choisis.

Collationné à l'original par nous Président & Secrétaires de l'Assemblée Nationale. A Paris, le onze Mai mil sept cent quatre-vingt-dix. Signé *THOURET*, Président ; *Chabroud*, l'Abbé *Colaud de la Salcette*, Secrétaires ; *de Champeaux-Palame*, Secrétaire; *de la Revellière de Lépeaux*, Secrétaire ; le Comte *de Crillon*, *de Fermon.*

Le Roi a sanctionné & sanctionne ledit Décret, pour être exécuté selon sa forme & teneur.

Sa Majesté a choisi & nommé pour signer en qualité de Tireurs;

S A V O I R,

Pour les Assignats de Mille livres.

MM.

Charles Bordeaux.
Alexandre - François Vincent.

Pour les Assignats de Trois cents livres.

MM.

François Gast.
Nicolas Dauphin.
Louis Domain.

Pour les Assignats de Deux cents livres,

MM.

Marie-Anne-Gabriel l'Arrivée.
Charles-Emmanuel-Joseph Riviere.
Amable-Jean-Baptiste-René Niel.
Ignace Burtel.
Laurent Blanlo.

Et pour signer en qualité d'Endosseurs.

S A V O I R,

Pour les Assignats de Mille livres.

MM.

Antoine Jame.
Florentin - Isidore Lannoy.

G 2

Pour les Affignats de Trois cents livres.

MM.

Louis-Guillaume Anquetil.
Louis-Charles-Noël Jullien.
Jean-Marie Girod.

Pour les Affignats de Deux cents livres.

MM.

André Hugues.
Joseph Avy.
Nicolas-Charles Aubourg.
Erneft-Louis Boizot.
Jean-Baptifte-Auguftin Camberlin.

Sans que, pour raifon defdites fignatures, les fufnommés foient tenus de rendre aucun compte, ni aucunement engagés, attendu qu'ils ne feront à cet égard aucune recette ni dépenfe.

Fait à Paris, le treize Juin mil fept cent quatrevingt-dix. *Signé*, LOUIS, *Et plus bas*, par le Roi, DE SAINT-PRIEST.

Lettres-Patentes du Roi , fur le Décret de l'Affemblée Nationale , du 30 Mai 1790 , concernant les mendians dans Paris , ou dans les Départemens voifins.

Données à Paris , le 13 Juin 1790.

LOUIS, par la grace de Dieu, & par la Loi conftitutionnelle de l'État, *Roi des François* : A tous ceux qui ces Préfentes Lettres verront ; SALUT. L'Affemblée Nationale informée qu'un grand nombre de mendians étrangers au Royanme, abondant de toute part dans Paris, y enlèvent journellement les fecours deftinés aux Pauvres de la Capitale & du Royaume, & y propagent avec danger l'exemple de la mendicité qu'elle fe propofe d'éteindre, a décrété le 30 Mai dernier, & Nous voulons & ordonnons ce qui fuit :

ARTICLE PREMIER.

Indépendamment des atteliers déjà ouverts dans Paris, il en fera encore ouvert dans la Ville & dans les environs, foit en travaux de terre pour les hommes, foit en filature pour les femmes & enfans, où feront reçus tous les pauvres domiciliés dans Paris, ou étrangers à la ville de Paris, mais François.

II. Tous les Mendians & gens fans aveu, étrangers au Royaume, non domiciliés à Paris depuis un an, feront tenus de demander des paffe-ports, où fera indiquée la route qu'ils devront fuivre pour fortir du Royaume.

III. Tout mendiant né dans le Royaume, mais non domicilié à Paris depuis fix mois, & qui ne voudra pas prendre d'ouvrage, fera tenu de demander un paffe-

G 3

port où fera indiquée la route qu'il devra fuivre pour fe rendre à fa Municipalité.

IV. Huit jours après la publication du préfent Décret, tous les pauvres valides trouvés mendians dans Paris, ou dans les Départemens voifins, feront conduits dans les maifons deftinées à les recevoir, à différentes diftances de la Capitale, pour de-là, fur les renfeignemens que donneront leurs différentes déclarations, être renvoyés hors du Royaume, s'ils font étrangers; ou s'ils font du Royaume, dans leurs Départemens refpectifs, après leur formation; le tout fur des paffe-ports qui leur fe. ront donnés. Il fera inceffamment préfenté à l'Affemblée un règlement provifoire pour le meilleur régime & la meilleure police de ces maifons, où le bien être des détenus dépendra particulièrement de leur travail.

V. Il fera en conféquence accordé à chaque Dé-partement, quand il fera formé, une fomme de trente mille livres, pour être employée en travaux utiles.

VI. La déclaration à laquelle feront foumis les Men-dians conduits dans ces maifons, fera faite au Maire ou autre Officier Municipal, en préfence de deux Notables.

VII. Il fera accordé trois fous par lieue à tout in-dividu porteur d'un paffe-port. Ce fecours fera donné par les Municipalités fucceffivement de dix lieues en dix lieues.

Le paffe-port fera vifé par l'Officier Municipal auquel il fera préfenté, & la fomme qui aura été délivrée, y fera relatée.

VIII. Tout homme qui, muni d'un paffe-port, s'écartera de la route qu'il doit tenir, ou féjournera dans les lieux de fon paffage, fera arrêté par les Gardes Nationales des Municipalités, ou par les Cavaliers de la Maréchaussée des Départemens, & conduit dans les lieux de dépôts les plus prochains; ceux-ci rendront compte sur le champ aux Officiers Municipaux des lieux où ces hommes auront été arrêtés & conduits.

IX. Les Municipalités des Départemens voisins des frontières, seront tenues de prendre les mesures & les moyens ci-dessus énoncés, pour renvoyer hors du Royaume les Mendians étrangers sans aveu qui s'y seroient introduits, ou tenteroient de s'y introduire.

X. Les mendians malades, hors d'état de travailler, seront conduits dans les Hôpitaux les plus prochains, pour y être traités & ensuite renvoyés, après leur guérison, dans leurs Municipalités, munis de passe-ports convenables.

XI. Les mendians infirmes, les femmes & enfans hors d'état de travailler, conduits dans ces hôpitaux & ces maisons de secours, seront traités, pendant leur séjour, avec tous les soins dûs à l'humanité souffrante.

XII. A la tête des passe-ports délivrés soit pour l'intérieur du Royaume, soit pour les pays étrangers, feront imprimés les articles du présent Décret, & le signalement des Mendians y sera également inscrit.

XIII. Il sera fourni par le Trésor public les sommes nécessaires pour rembourser cette dépense extraordinaire, tant aux Municipalités qu'aux Hôpitaux.

Mandons & ordonnons à tous les Tribunaux, Corps administratifs & Municipalités, que les présentes ils fassent transcrire sur leurs Registres, lire, publier & afficher dans leurs Ressorts & Départemens respectifs, & exécuter comme Loi du Royaume. En foi de quoi

G 4

Nous avons figué & fait contrefignér cefdites Préfentes, auxquelles Nous avons fait appofer le Sceau de l'Etat. A Paris, le treizième jour du mois de Juin, l'an de grace mil fept cent quatre-vingt dix, & de notre règne le dix-feptième. *Signé*, LOUIS. *Et plus bas*, par le Roi, DE SAINT-PRIEST. Vu au Confeil, LAMBERT. Et fcellées du Sceau de l'Etat.

Lettres-patentes du Roi, fur le Décret de l'Affemblée Nationale, du 6 Juin 1790, qui renvoie provifoire-ment, & jufqu'à ce qu'il en ait été autrement ordon-né, aux Affemblées de Département, la connoiffance des conteftations & difficultés qui pourroient s'élever en matière d'Impôt direct.

Données à Paris le 13 Juin 1790.

LOUIS, par la grâce de Dieu, & par la Loi conf-titutionnelle de l'Etat, *Roi des François*: A tous ceux qui ces préfentes Lettres verront; SALUT. L'Affemblée Nationale, après avoir entendu le rapport de fon Comité des Finances, confidérant que rien n'eft plus urgent que la confection des rôles & le recouvrement des Impofitions; qu'il eft néceffaire que les difficul-tés élevées par quelques-uns des ci-devant Privilégiés, tant fur la cotte que fur là qualité de l'impôt auquel ils ont été impofés au rôle de la Communauté où font fitués leurs biens, foient terminées par le Départe-ment, a décrété le 6 Juin 1790, & Nous voulons & ordonnons ce qui fuit:

ARTICLE PREMIER.

Les rôles qui auront été faits par les Officiers Mu-nicipaux du Département de l'Eure, dans les formes

ordinaires & suivies jufqu'à préfent, feront provifoirement exécutés, & il fera furfis à toute action, & à
l'exécution des jugemens en matière d'impofitions directes, s'il en avoit été rendu jufqu'à la formation dudit
Département.

II. Les contribuables qui fe croiront fondés à obtenir, foit la décharge ou une modération fur leur
cotte d'impofition, fe pourvoiront par fimples mémoires
devant l'Affemblée adminiftrative du Département, laquelle connoîtra provifoirement & jufqu'à ce qu'il
en ait été autrement ordonné, de toutes les difficultés qui pourront s'élever en matières d'impôt direct.

III. Les jugemens & décifions de l'Affemblée de Département feront rendus fans frais, fur papier libre, &
il en fera tenu regiftre.

Mandons & ordonnons à tous les Tribunaux, Corps
adminiftratifs & Municipalités, que les Préfentes ils
faffent tranfcrire fur leurs Regiftres, lire, publier &
afficher dans leurs Refforts & Départemens refpectifs,
& exécuter comme Loi du Royaume. En foi de quoi
Nous avons figné & fait contrefigner cefdites Préfentes,
auxquelles Nous avons fait appofer le Sceau de l'État.
A Paris, le treizième jour du mois de Juin, l'an de
grace mil fept cent quatre-vingt-dix, & de notre règne
le dix feptième. *Signé* LOUIS. *Et plus bas*, par le Roi,
DE SAINT-PRIEST. Vu au Confeil, LAMBERT. Et fcellées
du fceau de l'État.

*Proclamation du Roi, pour l'exécution des Lettres-Patentes & Proclamation des 3 Février, 11 Avril & 30
Mai 1790, sur les Décrets de l'Assemblée Nationale,
des 30 Janvier, 22 Mars & 25 Mai de la même année,
concernant la confection des Rôles, la forme du versement & l'accélération du recouvrement des Impositions
ordinaires de 1790.*

Du 13 Juin 1790 (1).

Le Roi, par l'article premier de ses Lettres-Patentes
du 30 Mai 1790, sur le Décret de l'Assemblée Nationale du 25 de ce mois, a ordonné que *les Municipalités & autres Asséeurs chargés de la confection
des rôles des Impositions ordinaires de 1790, qui n'auroient pas encore procédé à la répartition desdites Impositions, seroient tenus de la terminer dans le délai de
quinze jours, à compter de la publication desdites Lettres-Patentes ; faute de quoi lesdits Officiers municipaux
demeureroient personnellement & solidairement garans &
responsables du retard du recouvrement des impositions de
leur Communauté.*

En même temps, pour assurer le redressement des
inégalités, erreurs ou doubles emplois dont quelques
Communautés pourroient avoir à se plaindre dans la
fixation de leur contribution, il a été ordonné, par
l'article II des mêmes Lettres-Patentes, que *les Départemens veilleroient à ce qu'il fût nommé, dans chaque*

---

(1) Cette Proclamation a été publiée le 6 ; mais comme elle a
été réimprimée le 13 avec quelques changemens, nous avons cru
devoir nous référer à cette dernière.

District, des Commissaires, à l'effet de vérifier lesdites inégalités, erreurs ou doubles emplois, pour être pris ensuite les mesures les plus convenables pour les réparer.

Ainsi les Municipalités, assurées aujourd'hui qu'après la confection de leur rôle, elles obtiendront, sur la fixation de la somme qui leur a été donnée à répartir, l'allégement qui pourra être dû à leur Communauté, ne peuvent se dispenser, sous aucun prétexte, de terminer la formation dudit rôle, & de le faire vérifier dans le délai prescrit.

D'un autre côté, en ce qui concerne le recouvrement, il a été ordonné, par l'article premier des Lettres-Patentes de sa Majesté du 13 Février 1790, sur le Décret de l'Assemblée Nationale du 30 Janvier précédent, que les préposés au recouvrement des Impositions ordinaires & directes dans les différentes Municipalités du Royaume, seroient tenus de verser entre les mains des Receveurs ordinaires de l'ancienne division des Provinces, chargés, dans les années précédentes, de la perception des Impositions, le montant entier desdites impositions de l'exercice 1790 & des exercices antérieurs dans la forme & dans les termes précédemment prescrits par les Règlemens.

Par l'article deux des mêmes Lettres-Patentes, il a été aussi ordonné qu'attendu que les Contribuables seroient soulagés, dans l'année présente, par la Contribution des ci-devant Privilégiés, qui tourne à leur décharge, les Trésoriers ou Receveurs généraux, entre les mains desquels versent les Receveurs particuliers des Finances, seroient tenus de faire de leur côté toutes diligences pour que les impositions de l'année 1790 & années antérieures fussent acquittées entièrement dans les six premiers mois de 1791, au plus tard.

Enfin, par la Proclamation du Roi du 11 Avril

1790, portant fanction du Décret de l'Affemblée Nationale du 22 Mars précédent, il a été ordonné *que
les Villes, Paroiſſes & Communautés qui feroient arriérées dans dans le payement de leurs impoſitions, feroient tenues de ſe rapprocher, dans le cours de la préſente année 1790, d'une ſomme équivalente aux deux
tiers de ce qu'aura produit à chacune deſdites Villes,
Paroiſſes & Communautés la portion de la Contribution
des ci-devant Privilégiés, qui doit tourner au profit des
anciens Contribuables.*

Malgré des diſpoſitions auſſi préciſes & auſſi poſitives,
tant fur la continuation du verfement des impoſitions
de 1790, entre les mains des Receveurs particuliers
des Finances, fuivant l'ancienne diviſion du Royaume,
que fur le rapprochement du payement des impoſitions,
prefcrit expreſſément aux Receveurs-Généraux, aux Receveurs particuliers & pareillement aux Contribuables,
le Roi eſt informé que quelques Municipalités ſe font
permis de défendre aux Collecteurs de verfer le produit de leurs recouvremens entre les mains des Receveurs particuliers des Finances, & que d'autres Communautés, par une fauſſe interprétation de l'article
deux des Lettres-Patentes du 3 Février 1790, ont même
prétendu qu'il fuffifoit qu'elles entraſſent en payement
fur les impoſitions de 1790, dans les fix premiers mois
1791, puiſque les Receveurs-Généraux n'étoient tenus
d'acquiter les impoſitions que dans le même délai, &
que par conféquent les Receveurs particuliers des Finances ne pouvoient faire aucunes diligentes contre
les Collecteurs & les contribuables, pour les contraindre au payement des termes échus, fuivant les anciens Réglemens.

Sa Majeſté a jugé dès-lors indifpenfable de prefcrire
les mefures néceffaires pour l'entière exécution de fes
Lettres Patentes & Proclamation des 3 Février, 11

vril & 30 Mai 1790, portant sanction des trois Dé-
rets de l'Assemblée Nationale ci-dessus relatés: En
onséquence, le Roi a ordonné & ordonne ce qui
uit.

ARTICLE PREMIER.

Dans le cas où aucunes des Municipalités qui sont
n retard de former leurs rôles de 1790, ne les au-
oient point terminés dans le délai de quinze jours,
compter de celui de la publication des Lettres-Pa-
entes du 30 Mai dernier, ainsi qu'il est prescrit par
esdites Lettres-Patentes, enjoint Sa Majesté aux Rece-
eurs particuliers des Bailliages, Bureaux, Vigueries
u autres anciens arrondissemens, de faire faire à
'expiration dudit délai, la signification des susdites
ettres-Patentes, à celles des Municipalités qui pour-
oient être encore en retard, avec déclaration auxdits
fficiers municipaux, que faute de s'être conformés
ux dispositions de l'article premier des susdites Let-
res-Patentes, la garantie & responsabilité personnelle
& solidaire pour les impositions de la présente année
1790, est par eux encourue.

II. Lesdits Receveurs particuliers adresseront en outre
au sieur Contrôleur-Général des Finances, un état indi-
catif, tant desdites Municipalités en retard, que de
la date de la signification qui leur aura été faite, conformément à l'article précédent, pour desdits états être
par ledit sieur Contrôleur-Général des Finances, rendu
compte à Sa Majesté.

III. Huit jours après celui où ladite signification
aura été faite aux Municipalités en retard, les Receveurs particuliers des Finances seront & demeureront
autorisés à décerner contre lesdits Officiers municipaux,
une contrainte solidaire, après que ladite contrainte

aura été visée dans la forme prescrite par les Règlemens.

IV. Fait Sa Majesté très-expresses inhibitions & défenses à aucuns Collecteurs de verser les deniers par eux recouvrés sur les impositions de la présente année 1790, & années antérieures, en d'autres mains qu'en celles du Receveur particulier actuel du Bailliage, Bureau, Viguerie ou autre arrondissement, suivant l'ancienne division du Royaume. Faisant pareillement Sa Majesté très-expresses défenses à aucun particulier de s'immiscer dans les fonctions desdits Receveurs particuliers pour le recouvrement des impositions de ladite année 1790 & années antérieures, sous peine d'être poursuivi comme concussionnaire.

V. Enjoint derechef Sa Majesté aux Municipalités de veiller à ce que la perception des impositions de la présente année 1790, & années antérieures, ne puisse être troublée sous aucun prétexte, & de faire tout ce qui sera en leur pouvoir pour procurer les rapprochemens de payemens prescrits par l'article III du Décret de l'Assemblée Nationale, du 22 Mars dernier, sanctionné par Sa Majesté; enfin de prêter & faire prêter aux Collecteurs, Receveurs particuliers & aux Porteurs de contraintes par eux employés, toute aide, concours, assistance & appui nécessaires.

VI. La présente Proclamation sera imprimée & publiée dans toutes les Villes & Communautés, & affichée dans chacune desdites Villes & Communautés à la porte de l'Église paroissiale, au lieu des séances de la Municipalité, & autres lieux publics, à la diligence du Procureur de la Commune. A Paris, le treize Juin mil sept cent quatre-vingt-dix. *Signé* LOUIS. *Et plus bas*, par le Roi, DE SAINT-PRIEST.

Proclamation du Roi fur un Décret de l'Affemblée Nationale, concernant l'augmentation de la Solde des Gens de mer.

Du 15 Juin 1790.

Vu par le Roi le Décret dont la teneur fuit :

Décret de l'Affemblée Nationale, du 15 Juin 1790.

L'Affemblée Nationale, confidérant que les mêmes motifs de juftice qui l'ont portée à augmenter la folde des Troupes, exigent d'augmenter celle des Gens de mer, a décrété & décrète ce qui fuit :

ARTICLE PREMIER.

La paie des Matelots qui eft actuellement déterminée en différentes claffes depuis 14 liv. jufqu'à 21 liv. par mois, fera portée de 15 jufqu'à 24 livres, en graduant les augmentations proportionnellement aux fervices & au mérite.

II. La paie des Officiers-mariniers qui eft fixée actuellement dans les différens grades, depuis 24 jufqu'à 70 l. par mois, fera portée de 32 jufqu'à 80 liv. en obfervant auffi les proportions relatives aux grades & au nombre des campagnes.

Au moyen de cette augmentation, il ne fera plus queftion d'indemnité pour les demi-rations aux Officiers-mariniers, ni de fupplément de paie aux principaux Maîtres armés fur les gros vaiffeaux.

Le Roi a fanctionné & fanctionne ledit Décret, pour être exécuté. Mande & ordonne Sa Majefté aux Commandans de fes Ports & Arfenaux, Infpecteurs des

Claffes, Intendans & Ordonnateurs de la marine , &
à tous autres qu'il appartiendra , de tenir la main à
fon exécution. Fait à Paris , le quinze Juin mil fept
quatre-vingt-dix. *Signé* LOUIS. *Et plus bas* , LA LU-
ZERNE.

Proclamation du Roi , fur un Décret de l'Affemblée
Nationale , portant que toutes les anciennes Ordon-
nances fur la nature & les formes du fervice, notam-
ment fur la police des Spectacles , doivent être exé-
cutées provifoirement.

Du 17 Juin 1790.

Vu par le Roi le Décret dont la teneur fuit :

Décret de l'Affemblée Nationale , du Mercredi 9 Juin 1790.

L'Affemblée Nationale décrète qu'elle eft fatisfaite
du zèle pour le fervice & du défintéreffement que témoignent les Fufiliers des régimens de Beauce, Nor-
mandie, & les Canonniers-matelots du Corps de la
Marine, ainfi que de la modération & des fentimens
patriotiques des Grenadiers de ces Régimens ; mais que
s'occupant avec activité de la nouvelle organifation militaire, qui doit être également avantageufe à toutes les
claffes qui compofent l'Armée, elle juge que toutes les
anciennes Ordonnances de police & militaires fur la
nature & les formes du fervice , & notamment fur la
police des Spectacles , doivent être exécutées provifoirement, jufqu'à ce qu'il en ait été autrement ordonné.

Décrète en outre que fon Préfident fe retirera vers le
Roi, pour fupplier Sa Majefté de donner des ordres afin
de

de maintenir l'harmonie & l'union entre les différens Corps qui composent la garnison de Brest.

Le Roi a sanctionné & sanctionne ledit Décret. Veut en conséquence qu'il soit exécuté suivant sa forme & teneur. Mande & ordonne aux Commandans pour son service, aux Chefs des corps militaires, & à tous autres qu'il appartiendra, de le faire observer ponctuellement. Fait à Saint-Cloud, le dix-sept Juin, mil sept cent quatre-vingt-dix. *Signé* LOUIS. *Et plus bas :* Par le Roi, LA TOUR-DU-PIN.

Proclamation du Roi , sur un Décret de l'Assemblée Nationale, relatif aux Citadelles, Forts & Châteaux qui existent actuellement dans le Royaume, & notamment à la Citadelle de Montpellier.

Du 18 Juin 1790.

Vu par le Roi le Décret dont la teneur suit :

Décret de l'Assemblée Nationale du 9 juin 1790.

L'Assemblée Nationale décrète que son Comité militaire sera chargé de lui présenter incessamment un état de toutes les Villes fortifiées, Citadelles, Forts, Châteaux & autres Fortifications qui existent actuellement dans le Royaume, avec son opinion motivée sur l'utilité ou inutilité de ces différentes places, afin que de concert avec le Roi, elle puisse ordonner la conservation, les réparations ou même l'augmentation de toutes celles qui seront jugées nécessaires pour la défense du Royaume; & la démolition, vente ou abandon de toutes celles qui ne portent pas ce caractère d'utilité.

Décrète en outre qu'elle regarderoit comme coupables

Recueil de Décrets. IV. Partie.　　　　H

tous ceux qui dans la ville de Montpellier, ou par-tout ailleurs, se porteroient à quelques excès pour démolir, soit en totalité, soit en partie, les Forts ou Citadelles; & que son Président se retirera devers le Roi, pour le supplier de donner des ordres, afin que les Gardes nationales de Montpellier continuent de faire le service dans la Citadelle, sous le commandement des Officiers employés sous Sa Majesté, jusqu'à ce qu'il ait été pris un parti décisif sur la conservation ou abandon de la Citadelle de Montpellier.

Le Roi sanctionnant ledit Décret, déclare que Sa Majesté regarderoit comme coupables tous ceux qui, dans la ville de Montpellier ou par-tout ailleurs, se porteroient à quelques excès pour démolir, soit en totalité, soit en partie, les Forts & Citadelles : Ordonne aux Gardes nationales de Montpellier de continuer de faire le service dans la Citadelle de ladite ville, sous le commandement des Officiers employés sous les ordres de Sa Majesté, jusqu'à ce qu'il ait été pris un parti décisif sur la conservation ou abandon de cette Citadelle. Mande & ordonne pareillement Sa Majesté à la Municipalité de Montpellier, aux Commandans des Troupes de ligne, & à tous autres, de tenir la main à l'exécution du susdit Décret.

Fait à Saint Cloud, le dix-huit Juin mil sept cent quatre-vingt-dix. *Signé* LOUIS. *Et plus bas*, Par le Roi, DE SAINT-PRIEST.

Proclamation du Roi, fur un Décret de l'Affemblée Nationale, pour la fuite & l'accélération des opérations des Commiffaires de Sa Majefté, chargés de l'établiffement des Affemblées de Département.

Du 18 Juin 1750.

Vu par le Roi le Décret dont la teneur fuit :

Décret de l'Affemblée Nationale, du 11 Juin 1790, au matin.

L'Affemblée Nationale décrete que fon Préfident fe retirera vers le Roi, pour le prier d'ordonner à fes Commiffaires pour l'établiffement des Affemblées adminiftratives des Départemens, & notamment du Département de la Corrèze, de fuivre leurs opérations avec exactitude ; de les accélérer le plus qu'il fera poffible, en exécutant exactement les Décrets, & d'inftruire l'Affemblée Nationale de la fuite de leur travail.

Sa Majefté voulant que ledit Décret foit exécuté, mande & ordonne à fes Commiffaires pour l'établiffement des Affemblées adminiftratives des Départemens, & notamment du Département de la Corrèze, de s'y conformer.

Fait à Saint-Cloud, le dix-huit Juin mil fept cent quatre-vingt-dix. *Signé* LOUIS. *Et plus bas*, par le Roi, DE SAINT-PRIEST.

H 2

Proclamation du Roi, fur un Decret de l'Assemblée Nationale, relatif à l'inscription des Citoyens actifs, fur le registre de service des Gardes Nationales.

Du 18 Juin 1790.

Vu par le Roi le Décret dont la teneur suit.

Decret de l'Assemblée Nationale, du 12 Juin 1790.

L'Assemblée Nationale décrète :

1°. Que, dans le courant du mois qui suivra la publication du préfent Décret, tous les Citoyens actifs des villes, bourgs & autres lieux du Royaume, qui voudront conferver l'exercice des droits attachés à cette qualité, feront tenus d'inferire leurs noms, chacun dans la fection de la ville où ils feront domiciliés, ou à l'hôtel commun, fur un regiftre qui y fera ouvert à cet effet pour le fervice des Gardes nationales.

2°. Les enfans des Citoyens actifs, âgés de dix-huit ans, s'inferiront pareillement fur le même regiftre, faute de quoi ils ne pourront ni porter les armes, ni être employés même en remplacement de fervice.

3°. Les Citoyens actifs qui, à raifon de la nature de leur état, ou à caufe de leur âge & infirmités, ou autres empêchemens, ne pouvant fervir en perfonne, devront fe faire remplacer, ne pourront être remplacés que par ceux des Citoyens actifs & de leurs enfans qui feront inferits fur ces regiftres, en qualité de Gardes nationales.

4°. Aucun Citoyen ne pourra porter les armes, s'il n'eft inferit de la manière qui vient d'être réglée ; en conféquence, tous corps particuliers de Milice bour-

geoife, d'Arquebufiers ou autres, fous quelque dénomination que ce foit, feront tenus de s'incorporer dans
la Garde Nationale, fous l'uniforme de la Nation, fous
les mêmes drapeaux, le même régime, les mêmes Officiers, le même État-major. Tout uniforme différent,
toute cocarde, autre que la cocarde nationale, demeu-
rent réformés aux termes de la Proclamation du Roi.
Les drapeaux des anciens Corps & Compagnies feront
dépofés à la voûte de l'Eglife principale pour y demeurer
confacrés à l'union, à la concorde & à la paix.

Le Roi a accepté & accepte ledit Décret pour être
exécuté fuivant fa forme & teneur. En conféquence,
Sa Majefté mande & ordonne à tous les Corps adminiftratifs, Municipalités, Commandans des Gardes Nationales, de tenir la main à fon exécution, & à tous
autres de s'y conformer.

Fait à Saint-Cloud, le dix-huit Juin mil fept cent
quatre-vingt dix. *Signé*, LOUIS. *Et plus bas*, par le
Roi, DE SAINT-PRIEST.

Lettres-Patentes du Roi, fur un Décret de l'Affemblée
Nationale, portant fufpenfion des procédures relatives
aux dédommagemens dus, à raifon des dégâts fur les
Terrains & Marais defféchés; & attribution aux Di-
rectoires des Diftricts, pour régler ces dédommage-
mens.

Données à Saint-Cloud, le 18 Juin 1790.

LOUIS, par la grace de Dieu, & par la Loi conftitutionnelle de l'Etat, *Roi des François :* A tous ceux qui
ces préfentes Lettres verront; Salut. L'Affemblée Na-
H 3

tionale, inftruite des vives pourfuites judiciaires qui fe
font dans plufieurs lieux du Royaume, & notamment
dans le Diftrict de Paimbœuf, Département de la baffe
Loire, à l'occafion des dégâts qui ont récemment eu
lieu fur les terreins afféagés & les marais defféchés depuis quelques années, a décrété, le 14 de ce mois, de
Nous prier d'ordonner, & nous voulons & ordonnons
ce qui fuit :

ARTICLE PREMIER.

Les procédures relatives aux dédommagemens qui
peuvent être dus, à raifon des dégâts fur les terreins
afféagés & les marais defféchés depuis quelques années,
feront fufpendues.

II. Commettons les Directoires de Diftrict pour régler
lefdits dédommagemens dans les différens Cantons du
Royaume où ces dégâts ont eu lieu ; à l'effet de quoi
les Directoires de Diftrict pourront, s'il eft befoin,
nommer parmi leurs Membres des Commiffaires qui fe
tranfporteront fur les lieux, vérifieront les dégâts, ap-
précieront les indemnités ; & auffi tôt après le paiement
de celles-ci, les procédures demeureront abfolument
éteintes.

III. Commettons le premier Juge du Tribunal exif-
tant dans chaque Ville de Diftrict, ou s'il n'y en a pas,
du Tribunal de la Ville la plus voifine, pour régler fans
frais les mémoires des procédures déjà faites, afin que le
montant en foit réparti & payé de la même manière que
les indemnités.

IV. Enjoignons généralement à tous les Citoyens
trompés qui ont commis des dégâts, le refpect pour
les propriétés qui font toutes fous la garde de la Loi,
fauf à eux à fe pourvoir dans les Tribunaux & par les

voies légales, s'ils croyent avoir des droits fur les prairies, les terreins afféagés & les marais defféchés.

Mandons & ordonnons à tous les Tribunaux, Corps
adminiftratifs & Municipalités, que les préfentes ils faffent tranfcrire fur leurs regiftres, lire, publier & afficher
dans leurs Refforts & Départemens refpectifs, & exécuter comme Loi du Royaume. En foi de quoi Nous avons
figné & fait contre-figner cefdites préfentes, auxquelles
Nous avons fait appofer le fceau de l'Etat. A St. Cloud,
le dix-huitième jour du mois de Juin, l'an de grace
mil fept cent quatre-vingt-dix, & de notre règne le dix-
feptième. *Signé*, LOUIS. *Et plus bas*, par le Roi,
DE SAINT-PRIEST. Et fcellées du fceau de l'Etat.

*Lettres-Patentes du Roi, fur le Décret de l'Affemblée
Nationale, du 13 du préfent mois de Juin, portant
abolition des retraits de Bourgeoifie, Habitations &
autres.*

Données à Saint-Cloud, le 18 Juin 1790.

LOUIS, par la grace de Dieu, & par la Loi conftitutionnelle de l'Etat, *Roi des François* : A tous ceux qui
ces préfentes Lettres verront ; Salut. L'Affemblée Nationale a décrété, le 13 de ce mois, & Nous voulons &
ordonnons ce qui fuit :

Le retrait de bourgeoifie, d'habitation ou de local,
le retrait d'éclefche, le retrait de fociété, fraternfeté,
convenance ou bienfeance, font abolis.

Les procès concernant lefdits retraits, qui ne feront
pas jugés en dernier reffort à l'époque de la publication
des préfentes, demeureront comme non avenus ; & il

H 4

ne pourra être fait droit que fur les dépens qu'ils auront occafionnés.

Mandons & ordonnons à tous les Tribunaux, Corps adminiftratifs & Municipalités, que les préfentes ils faffent tranfcrire fur leurs Regiftres, lire, publier & afficher dans leurs Reflorts & Départemens refpectifs, & exécuter comme Loi du Royaume. En foi de quoi Nous avons figné & fait contre-figner cefdites préfentes, auxquelles Nous avons fait appofer le Sceau de l'Etat. A Saint-Cloud, le dix-huitième jour du mois de Juin, l'an de grâce mil fept cent quatre-vingt-dix, & de notre règne le dix-feptième. *Signé*, LOUIS. *Et plus bas*, par le Roi, DE SAINT-PRIEST, Vu au Confeil, LAMBERT. Et fcellées du fceau de l'Etat.

Proclamation du Roi.

Du 19 Juin 1790.

Vu par le Roi, le Décret dont la teneur fuit:

DÉCRET DE L'ASSEMBLÉE NATIONALE, du 18 Juin 1790.

L'ASSEMBLÉE NATIONALE a décrété & décrète:

ARTICLE PREMIER.

Que les pièces relatives à M de Mirabeau le jeune, Colonel du régiment de Touraine, feront renvoyées aux Comités des Rapports & Militaire réunis.

II. Que la lettre de la Municipalité de Perpignan, en date du 13 du préfent mois, fera imprimée.

III. L'Assemblée Nationale rappelle aux Municipalités le Décret qui a prononcé l'inviolabilité de ses Membres; & décrète que M. de Mirabeau le jeune viendra immédiatement rendre compte de sa conduite.

Le Roi a sanctionné & sanctionne ledit Décret, pour être exécuté suivant sa forme & teneur. En conséquence Sa Majesté mande & ordonne à la Municipalité de Castelnaudary & à toutes autres, ainsi qu'aux Commandans des Gardes Nationales, des Troupes de ligne, & à tous ceux qu'il appartiendra, de tenir la main à son exécution. Fait à Saint-Cloud, le dix-neuf Juin mil sept cent quatre-vingt-dix. *signé* LOUIS. *& plus bas*, Par le Roi, DE SAINT-PRIEST.

Proclamation du Roi, Sur un Décret de l'Assemblée Nationale, du 17 Juin, relatif à la Fédération générale des Gardes nationales & des Troupes du Royaume.

Du 19 Juin 1790.

Vu par le Roi le Décret dont telle est la teneur.

DÉCRET *de l'Assemblée Nationale, du 17 Juin* 1790.

L'Assemblée Nationale a décrété & décrète ce qui suit:

1°. Les régimens en garnison dans les Colonies Françoises, ne pouvant pas envoyer une députation directe, députeront pour chaque régiment, le plus ancien Officier, le plus ancien bas Officier & les deux plus anciens Caporaux, Grenadiers, Chasseurs & Soldats présentement en France.

2°. Le Régiment d'Artillerie des Colonies députera comme les Régimens d'Artillerie en garnison en France.

3°. Le Bataillon Auxiliaire des Colonies en garnison à l'Orient & au Port-Louis, députera de la manière prescrite pour tous les Corps de l'armée.

4°. Le Port de l'Orient députera comme ceux de Brest, Toulon & Rochefort.

5°. Les Matelots députeront les deux plus anciens Matelots par Port de Roi, & un pour chacun des autres Ports.

6°. Les Ingénieurs Géographes militaires députeront le plus ancien d'entr'eux.

7°. Les Commissaires ordinaires & Écrivains des Colonies députeront dans la proportion des ports & arsenaux de Marine.

8°. Les Lieutenans de Roi, Majors, Aides Majors & Sous-aides-majors de place, députeront le plus ancien d'entr'eux.

9°. Enfin, les Chirurgiens & Aumôniers des Corps députeront le plus ancien d'entr'eux.

LE ROI a sanctionné & sanctionne ledit Décret, pour être exécuté suivant sa forme & teneur: En conséquence, mande & ordonne à tous ceux dont l'autorité s'étend sur les Corps mentionnés audit Décret, de veiller chacun en ce qui le concerne, à ce qu'il s'y conforme ponctuellement.

FAIT à Saint-Cloud, le dix-neuf Juin mil sept cent quatre-vingt-dix. Signé LOUIS. Et plus bas, Par le Roi, LA LUZERNE.

Proclamation du Roi, Qui accorde une Prime de Deux pour cent du prix de la vente des Beſtiaux amenés aux Marchés de Sceaux & de Poiſſy, à commencer du Lundi 5 Juillet prochain, juſques & compris le Jeudi 22 du même mois.

Du 10 Juin 1790.

LE ROI s'étant fait rendre compte de la quantité de beſtiaux que l'on amène habituellement aux Marchés de Sceaux & de Poiſſy, pour l'approviſionnement de ſa bonne ville de Paris, Sa Majeſté auroit lieu de croire que l'activité du commerce ſuffiroit à la conſommation extraordinaire que doit occaſionner l'affluence des Étrangers qui ſeront attirés dans la Capitale par la cérémonie Nationale du 14 Juillet prochain; & néanmoins pour ne laiſſer aucune incertitude ſur un objet auſſi intéreſſant, Sa Majeſté a cru digne de ſa ſollicitude paternelle, d'appeller l'abondance par des moyens d'encouragement : En conſéquence, le Roi a ordonné & ordonne qu'à commencer du Lundi 5 Juillet prochain, juſques & compris le Jeudi 22 du même mois, il ſera payé par les Fermiers de la Caiſſe de Sceaux & de Poiſſy, à tous ceux qui amèneront des beſtiaux dans leſdits Marchés, une prime de Deux pour cent du prix de la vente, conſtaté par les regiſtres de ladite Caiſſe.

FAIT à Paris, le vingt Juin mil ſept cent quatre-vingt-dix. *Signé* LOUIS. & *plus bas*, Par le Roi, DE SAINT-PRIEST.

Lettres-patentes du Roi, sur le Décret de l'Assemblée Nationale, concernant la Municipalité de Paris.

Du 27 Juin 1790.

LOUIS, par la grâce de Dieu, & par la Loi conftitutionelle de l'Etat, *Roi des François*: A tous préfens & à venir; SALUT. L'Affemblée Nationale a décrété, les 3, 6, 7, 10, 14, 15, 19 & 21 Mai 1790, & Nous voulons & ordonnons ce qui fuit:

TITRE PREMIER.

ARTICLE PREMIER.

L'ancienne Municipalité de la ville de Paris, & tous les Offices qui en dépendoient: la Municipalité provifoire, fubfiftante à l'Hôtel-de-Ville, ou dans les Sections de la Capitale, connues aujourd'hui fous le nom de Diftricts, font fupprimées & abolies, & néanmoins la Municipalité provifoire & les autres perfonnes en exercice, continueront leurs fonctions jufqu'à leur remplacement.

II. Les Finances des Offices fupprimés feront liquidées & rembourfées; favoir, des deniers communs de la Ville, s'il eft juftifié que ces Finances ayent été verfées dans fa caiffe; & par le Tréfor public, s'il eft juftifié qu'elles ayent été payées au Roi.

III. La Commune ou la Municipalité de Paris fera renfermée dans l'enceinte des nouveaux murs; mais les boulevards que l'on conftruit en dehors de ces murs, feront foumis à l'Adminiftration municipale.

IV. Les Décrets rendus par l'Affemblée Nationale, le 14 Décembre & poftérieurement, concernant les Municipalités, feront exécutés dans la ville de Paris, à l'exception des difpofitions auxquelles il aura été dérogé par les articles suivans; & les articles de ces Décrets contenant les dispositions auxquelles il n'aura pas été dérogé, seront rapportés à la fin du présent Règlement, & en feront partie.

V. La Municipalité sera composée d'un Maire, de seize Administrateurs, dont les fonctions seront déterminées au titre second; de trente-deux Membres du Conseil, de quatre-vingt-seize Notables, d'un Procureur de la Commune, de deux Substituts, qui seront ses Adjoints, & exerceront ses fonctions à son défaut.

VI. La ville de Paris sera divisée, par rapport à sa Municipalité, en quarante-huit parties, sous le nom de *Sections*, qu'on tâchera d'égaliser, autant qu'il sera possible, relativement au nombre des Citoyens actifs.

VII. Ces quarante-huit Sections ne pourront être regardées que comme des Sections de la Commune.

VIII. Elles formeront autant d'Assemblées primaires, lorsqu'il s'agira de choisir les Electeurs qui devront concourir à la nomination des Membres de l'Administration du Département de Paris, ou à la nomination des Députés que ce Département doit envoyer à l'Assemblée Nationale.

IX. Les Citoyens actifs ne pourront se rassembler par métiers, professions ou corporations, ni se faire représenter ; ils se réuniront sans aucune distinction, & ne pourront donner leur voix que dans la Section dont il feront partie à l'époque des élections.

X. Si une Section offre plus de 900 Citoyens actifs présens, elle se formera en deux Assemblées, qui nommeront chacune leurs Officiers, mais qui, après avoir dépouillé séparément le scrutin de l'une & de l'autre division, se réuniront par Commissaires, pour n'envoyer qu'un résultat à l'Hôtel-de-Ville.

XI. Les Assemblées des quarante-huit Sections seront indiquées pour le même jour & à la même heure. On ne s'y occupera d'aucune autre affaire que des élections & des prestations du serment-civique. Ces Assemblées se continueront aussi à la même heure, les jours suivans, sans interruption; mais un scrutin commencé se terminera sans désemparer.

XII. Les quarante-huit Sections se conformeront aux articles du Décret sur les Assemblées administratives, concernant les qualités nécessaires pour exercer les droits de Citoyen actif, & pour être éligible.

XIII. Les parens & alliés au degré de père & de fils, de beau-père & de gendre, de frère & de beau-frère, d'oncle & de neveu, ne pourront en même-temps être Membres du Corps Municipal: s'ils ont été nommés dans le même scrutin, celui qui aura le plus grand nombre de voix demeurera élu; & en cas d'égalité de voix, on préférera le plus âgé: s'ils n'ont pas été élus dans le même scrutin, l'élection du dernier ne sera point comptée; & si celui-ci a été nommé au troisième tour de scrutin, il sera remplacé par le Citoyen qui, dans ce même tour, avoit le plus de voix après lui.

XIV. L'élection des deux Substituts du Procureur de la Commune se fera au scrutin, dans la forme qui sera déterminée au titre suivant.

XV. Pour l'élection du Maire & du Procureur de la Commune, chacune des quarante-huit Sections de l'Assemblée générale des Citoyens actifs fera parvenir à l'Hôtel-de-Ville le recensement de son scrutin particulier: ce recensement contiendra la mention

du nombre des votans dont l'Assemblée aura été
composée, & celle du nombre de suffrages que
chaque candidat aura réunis en sa faveur, le résultat de tous ces recensemens sera formé à l'Hôtel-de-
Ville.

XVI. Les scrutins des diverses Sections seront re-
censés à l'Hôtel-de-Ville le plus promptement qu'il
sera possible ; en sorte que les scrutins ultérieurs,
s'ils se trouvent nécessaires, puissent commencer dès le
lendemain.

XVII. Chacune des quarante-huit Sections enverra
à l'Hôtel-de-Ville un Commissaire pour assister au
recensement des divers scrutins.

XVIII. La nomination des quarante-huit Membres du Corps Municipal & des quatre-vingt-seize
Notables se fera toujours au scrutin; mais la population de Paris exigeant une forme de scrutin particulière, cette forme sera déterminée dans le Titre
suivant.

XIX. Après les élections, les Citoyens actifs ne
pourront ni rester assemblés, ni s'assembler de nouveau en Corps de Commune, sans une convocation
ordonnée par le Corps Municipal, lequel ne pourra
la refuser dans les cas qui seront déterminés au
Titre IV.

XX. Les quatre-vingt-seize Notables formeront,
avec le Maire & les quarante-huit Membres du
Corps Municipal, le Conseil général de la Commune, lequel sera appelé pour les affaires importantes
conformément à l'article LIV du Décret du 14 Décembre, & de plus dans les cas que fixeront les
articles suivans.

XXI. La Municipalité de Paris aura un Secrétaire
Greffier, un Trésorier, & deux Secrétaires-Greffiers

Adjoints, un Garde des archives & un Bibliothécaire, qui prêteront ferment de remplir fidèlement
leurs fonctions. Le Conseil-général de la Commune
les nommera dans la forme qui sera déterminée au
Titre II ; & chacun d'eux, après avoir été entendu,
pourra être changé, lorsque le Conseil-général, convoqué à cet effet, l'aura jugé convenable, à la majorité des voix.

XXII. Le Corps Municipal sera divisé en Conseil
& en Bureau : le titre suivant déterminera le nombre des Départemens du Bureau, qui pourra varier
lorsque les circonstances l'exigeront.

XXIII. Le Maire & les seizes Administrateurs composeront le bureau.

XXIV. Les trente-deux autres Membres composeront le Conseil Municipal.

XXV. Le Conseil général de la Commune élira, a
la pluralité absolue des voix & au scrutin individuel,
les seize Administrateurs parmi les quarante-huit
Membres du Corps Municipal, non compris le Maire ;
l'élection se terminera au troisième tour de scrutin en
cette occasion, ainsi que dans toutes les autres.

XXXVI. L'Assemblée pour les élections des seize
Administrateurs, se tiendra le surlendemain de la proclamation du Maire & des quarante-huit autres
Membres du Corps Municipal, & cette élection se
fera dans l'ordre qui sera prescrit au titre III.

XXVII. Le Conseil Municipal s'assemblera au moins
une fois tous les quinze jours, & commencera par
vérifier les comptes des divers Départemens du Bureau, lorsqu'il y aura lieu. Les Membres du Bureau auront voix délibérative avec ceux du Conseil,

feil , excepté lorfqu'il s'agira des comptes de l'un des Départemens.

XXVIII. Le Corps Municipal s'affemblera extraordinairement lorfque les circonftances l'exigeront , & que la convocation fera demandée, foit par le Maire feul, foit par la majorité des Adminiftrateurs foit par la moitié des Membres du Confeil ; & , dans tous les cas, la convocation fera faite par le Maire.

XXIX. Outre le droit de convoquer le Corps Municipal , le Maire aura encore celui de convoquer le Confeil général de la Commune , lorfqu'il le jugera néceffaire.

XXX. Le corps Municipal nommera parmi les Membres du Confeil, un vice-Préfident qui n'aura d'autres fonctions que de tenir les Affemblées du Corps Municipal ou du Confeil général de la Commune en l'abfence du Maire ; & , en cas d'abfence du Maire & du vice-Préfident , le doyen d'âge des Membres préfens préfidera les Affemblées.

XXXI. La préfence des deux tiers au moins des Membres du Confeil fera néceffaire pour recevoir les comptes de la geftion du Maire & des Adminiftrateurs , du maniement des deniers du Tréforier ; & la préfence au moins de la moitié, plus un, des Membres du Corps Municipal fera néceffaire pour prendre les autres délibérations. Mais fi , dans un cas urgent, on ne pouvoit raffembler la moitié, plus un , des Membres du Corps Municipal , on y appelleroit des Notables , felon l'ordre de leur élection.

XXXII. Les convocations du Confeil général de la Commune feront faites au nom du Maire & du Corps Municipal.

Recueil de Décrets. IV. Partie.   I

XXXIII. Les Membres du Conſeil général de la Commune réunis au nombre de quarante-huit au moins, pourront requérir la convocation de ce Conſeil, lorſqu'ils la croiront néceſſaire, & le Corps Municipal ni le Maire ne pourront s'y refuſer.

XXXIV. Lors du renouvellement annuel, les Officiers Municipaux & les Notables ſortiront au nombre de ſoixante-douze, déduction faite de celui des morts; de manière qu'on ait à remplacer la moitié des Adminiſtrateurs, la moitié des Membres du Conſeil, & la moitié des Notables.

XXXV. Les Subſtituts du Procureur de la Commune reſteront en place deux ans, & pourront être réélus pour deux autres années. Ils ne pourront l'être dans les élections ſuivantes, pour les mêmes places, qu'après l'expiration de deux années.

XXXVI. Le Procureur de la Commune & ſes Subſtituts ſortiront de place alternativement, le Procureur une année, & les Subſtituts une autre année.

XXXVII. L'année de la ſortie du Procureur de la Commune ne ſera pas la même que celle de la ſortie du Maire : à cet effet, ſi le Procureur de la Commune, nommé à la première élection, n'eſt pas réélu, il n'exercera que pendant un an, non compris le temps qui s'écoulera avant celui de l'époque fixe des élections ordinaires.

XXXVIII. Les Membres du Corps Municipal, ceux du Conſeil général, le Procureur de la Commune, & ſes Subſtituts ne pourront être révoqués; mais ils pourront être deſtitués pour forfaiture jugée.

XXXIX. Les places de Maire, de Procureur de la Commune & de ſes Subſtituts, de Membres du

Corps Municipal, ou du Conseil général, de Sécré-
taire Greffier, de Trésorier, de Garde des archives,
de Bibliothécaire & d'Adjoints du Secrétaire-Greffier
seront incompatibles ; en conséquence ceux qui étant
pourvus d'une de ces places, seront élus à une autre,
seront tenus d'opter.

XL. Les Membres du Corps Municipal, durant
leur exercice, ne pourront être Membres de l'Administration du Département de Paris ; & s'ils sont
élus Membres de cette Administration, ils seront tenus
d'opter.

XLI. En cas de vacance de la place de Maire,
par mort, ou par une cause quelconque autre que
la démission, le Corps Municipal sera tenu, dans le
délai de trois jours, de convoquer les quarante-huit
Sections pour procéder au remplacement. Mais si
l'époque de l'élection ordinaire ne se trouve éloignée
que de deux mois, le Conseil général de la Commune
nommera un des Officiers Municipaux pour remplir
les fonctions de Maire par *intérim*.

XLII. En cas de vacance de la place de Maire
par démission, le Corps Municipal sera tenu, dans le
délai de trois jours, de convoquer les quarante-huit
Sections pour procéder au remplacement.

XLIII. Si la place de Procureur de la Commune
vient à vaquer à une époque éloignée de moins de
six mois de l'élection ordinaire, le premier des Substituts en fera les fonctions ; si elle vaque à une époque éloignée de plus de six mois de l'élection ordinaire, on procédera à une nouvelle élection, ainsi que
dans le pénultième article.

XLIV. Si la place de l'un des Substituts vient à

vaquer, on ne la remplira qu'à l'époque des élections.

XLV. Si les places des deux Subftituts viennent à vaquer, on ne les remplira que dans le cas où l'époque des élections feroit éloignée de plus de deux mois. Ce cas excepté, le Confeil général pourra commettre une ou deux perfonnes chargées d'en exercer provifoirement les fonctions.

XLVI. En cas d'abfence ou de maladie de l'un des Adminiftrateurs ; fes fonctions feront remplies par un de fes collégues, attaché au même Département.

XLVII. Les places de Notables qui viendront à vaquer, ne feront remplies qu'à l'époque de l'élection annuelle pour les renouvellemens ordinaires.

XLVIII. Les Notables prêteront après leur nomination, le ferment ordonné par l'article XLVIII du Décret du 14 Décembre.

XLIX. La Municipalité ne pourra, fous peine de nullité de fes actes, s'approprier les fonctions attribuées par la Conftitution, ou par les Décrets des Affemblées légiflatives, à l'Adminiftration du Département de Paris.

L. Elle aura deux efpèces de fonctions à remplir : les unes propres au pouvoir municipal ; les autres propres à l'Adminiftration générale de l'Etat, qui les délègue aux Municipalités.

LI. Les fonctions propres au pouvoir municipal, qu'elle exercera fous la furveillance & l'infpection de l'Adminiftration du Département de Paris feront :

1°. De régir les biens & les revenus communs de la Ville.

2°. De régler & d'acquitter les dépenses locales qui doivent être payées des deniers communs.

3°. De diriger & faire exécuter les travaux publics qui font à la charge de la Ville.

4°. D'administrer les établissemens appartenans à la Commune, ou entretenue de ses deniers.

5°. d'ordonner tout ce qui a rapport à la voierie.

6°. De faire jouir les habitans des avantages d'une bonne police, notamment de la propreté, de la salubrité, de la sûreté & de la tranquillité dans les rues, lieux & édifices publics.

LII. Parmi les fonctions propres à l'administration générale, la Municipalité de la Capitale pourra avoir par délégation & sous l'autorité de l'Administration du Département de Paris :

1°. La direction de tous les travaux publics, dans le Ressort de la Municipalité, qui ne seront pas à la charge de la Ville.

2°. La direction des établissemens publics qui n'appartiennent pas à la Commune, ou qui ne sont pas entretenus de ses deniers.

3°. La surveillance & l'agence nécessaires à la conservation des propriétés nationales.

4°. L'inspection directe des travaux de réparation ou réconstruction des Eglises, Presbytères & autres objets relatifs au service du culte.

LIII. Les fonctions propres au pouvoir municipal, & celles que la Municipalité exercera par délégation, seront divisées en plusieurs Départemens qu'indiquera provisoirement le Titre II.

LIV. Il y aura toujours une force militaire en activité, sous le nom de *Garde Nationale Parisienne.*

I 3

La Municipalité, pour l'exercice de ses fonctions propres ou déléguées, pourra non seulement employer cette force conformément au Décret qui interviendra sur l'organisation des Gardes Nationales du Royaume, mais requérir le secours des autres forces publiques, ainsi que le règlera la Constitution.

LV. L'exercice du contentieux de la Police, des subsistances, approvisionnemens & autres objets de la Municipalité, sera réglé par la suite.

LVI. Les Délibérations & Arrêtés sur les objets mentionnés en l'article 54 du Décret du 14 Décembre, qui n'émaneront pas du Conseil général assemblé, seront nuls, & ne pourront être exécutés.

LVII. La Municipalité sera entièrement subordonnée à l'Administration du Département de Paris pour ce qui concerne les fonctions qu'elle aura à exercer par délégation de l'Administration générale.

LVIII. Quant à l'exercice des fonctions propres au pouvoir municipal, toutes les délibérations pour lesquelles la convocation du Conseil général de la Commune est nécessaire, ne pourront être exécutées qu'avec l'approbation de l'Administration ou du Directoire du Département de Paris.

LIX. Tous les comptes de la Régie, du Maire & des Administrateurs, après avoir été reçus par le Conseil municipal, & vérifiés tous les six mois par le Conseil général, seront définitivement arrêtés par l'Administration ou le Directoire du Département de Paris.

LX. Les Citoyens actifs ont le droit de se réunir paisiblement & sans armes en Assemblées particulières, pour rédiger des *Adresses & Pétitions*, soit au Corps

Municipal, soit à l'Administration du Département de Paris, soit au Corps législatif, soit au Roi, sous la condition de donner aux Officiers Municipaux connoissance du temps & du lieu de ces Assemblées, & de ne pouvoir députer que vingt Citoyens actifs pour apporter & présenter les *Adresses & Pétitions.*

TITRE II.

ARTICLE PREMIER.

L'Assemblée de chacune des quarante-huit Sections commencera par l'appel nominal des Citoyens actifs, d'après les titres qu'ils auront présentés en entrant.

II. s'il s'élève des difficultés sur l'admission d'un Citoyen, sa Section en jugera : un Citoyen exclus par le jugement de sa Section, sera tenu de s'éloigner, sauf à faire reconnoître ses titres pour les élections suivantes, par l'Administration de Département, à qui la connoissance définitive en demeure attribuée.

III. Les Citoyens actifs désigneront les personnes dans leurs bulletins, de manière à éviter toute équivoque, & un bulletin sera rejetté, si, faute de désignation suffisante entre le père & le fils, entre les frères & autres personnes du même nom, l'Assemblée juge qu'il y a incertitude sur les personnes désignées.

IV. Le recensement général à l'Hôtel-de-Ville, des scrutins des quarante huit Sections, sera fait par huit Citoyens tirés au sort, dont quatre seront pris parmi les Membres du Corps Municipal, & quatre parmi les Commissaires des diverses Sections.

V. Après l'élection du Maire & du Procureur de la Commune, dont la forme est déterminée au Titre

I 4

premier., les deux Subſtituts-Adjoints feront élus par les quarante huit Sections au ſcrutin de liſte ſimple, mais enſemble & à la pluralité relative, laquelle ſera au moins du quart des votans.

VI. Si le premier ſcrutin ne donne à perſonne la pluralité du quart des ſuffrages, on procédera à un ſecond, dans lequel chacun écrira encore deux noms ſur ſon bulletin.

VII. Si aucun Citoyen n'obtient la pluralité du quart des ſuffrages, on procédera à un troiſième & dernier ſcrutin : dans ce dernier ſcrutin, on ne pourra choiſir que parmi les quatre perſonnes qui auront eu le plus de voix au ſcrutin précédent ; on écrira deux noms ſur les bulletins ; & les deux Citoyens qui obtiendront le plus de ſuffrages, feront nommés Subſtituts du Pro-reur de la Commune.

VIII. Si au premier ſcrutin un des Citoyens a ob-tenu la pluralité du quart des ſuffrages, & accepté, on n'écrira plus qu'un nom au ſecond ſcrutin ; & au troiſième, on choiſira entre les deux Citoyens qui auront eu le plus de voix.

IX. Lors de la première formation de la Municipalité, chacune des quarante-huit Sections élira parmi les Ci-toyens éligibles de ſa Section ſeulement, trois Mem-bres deſtinés à faire partie du Corps Municipal, ou du Conſeil général de la Commune.

X. L'élection ſe fera au ſcrutin individuel & à la pluralité abſolue des ſuffrages.

XI. Si au premier ſcrutin la pluralité abſolue n'eſt pas acquiſe, il ſera procédé à un ſecond : ſi le ſe-cond ſcrutin ne fournit pas non plus la pluralité ab-ſolue, il ſera procédé à un troiſième, entre les deux

Citoyens seulement qui auront eu le plus de voix au second.

XII. En cas d'égalité de suffrages au second & au troisième scrutin , entre plusieurs Citoyens ayant le nombre de voix exigé, la préférence sera accordée à l'âge.

XIII. Les nominations étant faites dans les quarante-huit Sections, il sera envoyé par chacune d'elles à l'Hôtel-de-Ville un extrait du procés-verbal , contenant les noms des trois Citoyens élus.

XIV. Il sera dressé une liste des cent quarante quatre Citoyens ainsi nommés ; cette liste désignant leurs demeures & qualités , sera imprimée , affichée , & envoyée dans les quarante-huit Sections.

XV. Les Sections seront tenues de s'assembler le lendemain de cet envoi, & elles procéderont à la lecture de la liste imprimée, à l'effet d'accepter la nomination des Citoyens qui y seront compris, ou de s'y refuser : on recueillera les voix par assis & levé, & sans aucune discussion, sur chacune des 144 personnes comprises dans la liste : mais une Section individuelle ne soumettra point à cette épreuve les trois qu'elle aura nommés.

XVI. Les résultats de la présentation de la liste dans chaque Section seront envoyés à l'Hôtel-de-Ville ; & les Citoyens qui n'auront pas été acceptés par la moitié des Sections plus une, seront retranchés de la liste sans autre information.

XVII. Les Sections respectives procéderont , dès le lendemain de l'avis qui leur en aura été donné par le Corps Municipal, au remplacement des Membres retranchés de la première liste.

XVIII. Les noms des Citoyens ainſi élus en remplacement, feront envoyés dans les Sections, pour y être acceptés ou refufés dans le jour, de la même manière que les premiers.

XIX. La liſte des cent quarante-quatre élus étant définitivement arrêtée, les quarante-huit Sections procéderont de la manière fuivante à l'élection des quarante-huit Membres du Corps Municipal.

XX. Le ſcrutin ſe fera en chaque Section par bulletin de liſte de dix noms, choiſis parmi ceux de la liſte imprimée.

XXI. Les bulletins qui contiendront plus ou moins de dix noms, ou des noms qui ne ſeroient pas compris dans la liſte imprimée, feront rejetés.

XXII. Le réſultat du ſcrutin de chaque Section fera envoyé à l'Hôtel-de-Ville ; & ceux qui, après le recenſement général, ſe trouveront avoir la pluralité du quart des ſuffrages, feront membres du Corps Municipal.

XXIII. Pour compléter le nombre des quarante-huit Membres du Corps Municipal, comme auſſi dans le cas où aucun Citoyen n'auroit eu une pluralité relative du quart des ſuffrages, il fera procédé dans les quarante-huit ſections à un ſecond ſcrutin.

XXIV. Ce ſcrutin fera fait, ainſi que le précédent, par bulletins de liſte de dix noms choiſis parmi les noms de la liſte imprimée, moins ceux qui ſe trouveront élus par le précédent ſcrutin.

XXV. Tous ceux qui, par l'évènement de ce ſecond ſcrutin, réuniront une pluralité relative du quart des ſuffrages, feront membres du Corps Municipal.

XXVI. Si le nombre des quarante-huit Membres n'est pas rempli, ou si le second scrutin n'a donné à personne la pluralité du quart des suffrages, il sera procédé dans les quarante-huit Sections à un dernier scrutin.

XXVII. Ce dernier scrutin sera fait également par liste de dix noms choisis parmi les noms de la liste imprimée, moins ceux qui auront été élus.

XXVIII. La simple pluralité des suffrages sera suffisante à ce dernier scrutin; & ceux qui, par le recensement général, l'auront obtenue, seront membres du Corps Municipal, jusqu'à concurrence des quarante-huit Membres dont il doit être formé.

XXIX. En cas de refus d'un ou de plusieurs Citoyens élus aux deux premiers scrutins, il en sera usé comme s'ils n'avoient pas eu la pluralité requise pour l'élection, & leurs noms ne concourront pas dans les scrutins suivans.

XXX. Si un ou plusieurs Citoyens élus au dernier scrutin ne veulent point accepter, ils seront remplacés par ceux qui suivront dans l'ordre des voix ou de l'âge.

XXXI. Les Citoyens compris sur la liste imprimée, qui n'auront pas été élus membres du Corps Municipal, ou qui auront refusé, resteront membres du Conseil général, en qualité de Notables.

XXXII. Dans les scrutins pour l'élection de seize Administrateurs dont il est parlé à l'article XXV du Titre premier, on commencera par nommer les Administrateurs au Département des Subsistances; on passera ensuite à l'élection des Administrateurs au Département de la Police, & ainsi successivement, jusqu'à l'élection des Administrateurs au Département des Travaux Publics, conformément à la division qui fera indiquée au Titre trois.

XXXIII. Le Secrétaire-Greffier, le Tréforier, les Adjoints du Secrétaire-Greffier, le Garde des archives & le Bibliothécaire, feront élus par le Confeil général de la Commune, parmi les Citoyens éligibles de Paris ; leur élection fe fera au fcrutin individuel & à la pluralité ab-folue des fuffrages, mais fur chaque bulletin on écrira deux noms.

XXXIV. On fuivra pour ces divers fcrutins, les règles établies aux articles XI & XII ci-deffus:

XXXV. Le Maire, Préfident de l'Affemblée, aura droit de fuffrage pour les élections.

XXXVI. Les premières élections feront faites auffi-tôt que la division de la Ville de Paris en quarante-huit Sections fera terminée.

XXXVII. Les Affemblées des quarante-huit Sections feront convoquées à cet effet au nom du Maire en exer-cice, & de la Municipalité provifoire.

XXXVIII. Toutes les opérations attribuées au Corps Municipal, relativement aux élections, appartiendront, pour cette première fois, au Maire & aux foixante Admi-niftrateurs actuels.

XXXIX. L'Affemblée de chacune des quarante-huit Sections fera ouverte par un de ces Adminiftrateurs, qui expofera l'objet de la convocation, & dont les fonctions cefferont après l'élection d'un Préfident & d'un Secrétaire.

XL. Les comptables actuels, foit de geftion, foit de finances, rendront leurs comptes définitifs au nouveau Corps Municipal ; ces comptes feront revus & vérifiés par le Confeil-général.

XLI. Ils feront de plus imprimés; & tout Citoyen actif pourra en prendre communication, ainſi que des pièces juſtificatives, au Greffe de la Ville, ſans déplacer & ſans frais.

XLII. Le premier renouvellement des Membres du Corps Municipal, des Notables, ou autres perſonnes attachées à la Municipalité, ſe fera le Dimanche d'après la Saint-Martin 1791, & le ſort déterminera ceux qui ſortiront : on combinera les tirages de manière à ce qu'il ſorte au moins une, & à ce qu'il ne ſorte pas plus de deux des trois perſonnes nommées par chaque Section.

XLIII. Pour l'exécution de l'article XXXIV du Titre premier, les Sections, lors des renouvellemens annuels, nommeront alternativement un ou deux des ſoixante-douze Citoyens qui doivent entrer dans le Corps Municipal, ou le Conſeil général de la Commune.

TITRE III.

ARTICLE PREMER.

Le Maire ſera le Chef de la Municipalité, Préſident du Bureau & du Corps Municipal, ainſi que du Conſeil général de la Commune, & il aura voix délibérative dans toutes les Aſſemblées.

II. Il aura la ſurveillance & l'inſpection de toutes les parties de l'Adminiſtration confiées aux ſeize Adminiſtrateurs.

III. Indépendamment des Aſſemblées que le Bureau tiendra trois fois par ſemaine, ainſi qu'il ſera dit à l'art. XX, le Maire pourra convoquer les Adminiſtrateurs toutes les fois qu'il le jugera convenable.

IV. Si les délibérations du Bureau, ou les ordres d'un Administrateur ou d'un Département, lui paroissent contraires au bien général, il pourra en suspendre l'effet; mais il sera tenu de le déclarer aussi tôt, & de convoquer dans les 24 heures, selon la nature de l'affaire, ou le Bureau, ou le Corps Municipal, ou le Conseil-général de la Commune.

V. En cas d'égalité de suffrages dans une délibération du Bureau, il aura la voix prépondérante; mais ceux qui seront d'un avis contraire au sien, pourront porter l'affaire au Corps Municipal.

VI. Toutes les délibérations du Bureau, du Corps Municipal, ainsi que du Conseil-général de la Commune, seront munies de sa signature ou de son visa : si les ordres d'un Administrateur ou d'un Département sont destinés à devenir publics, il y apposera également son visa ou sa signature.

VII. Il apposera aussi son visa à tout mandat sur la Caisse, donné par les Administrateurs.

VIII. Le Maire aura le droit, toutes les fois qu'il le jugera convenable pour les intérêts de la Commune, de porter au Conseil-général, dont toutes les séances seront publiques, les délibérations du Corps Municipal.

IX. Il sera établi sous sa direction un Bureau de renvoi, dont la formation lui appartiendra.

X. Les requêtes ou mémoires adressés à la Municipalité, seront enregistrés au Bureau de renvoi; chaque Citoyen aura le droit d'exiger que l'enregistrement soit fait en sa présence, & de se faire délivrer le numéro de l'enregistrement.

XI. Le précis des réponses, décisions ou délibérations qui interviendront sur les requêtes ou mémoires ci-

deſſus, ſera noté à côté ou à la ſuite de l'enregiſtre-
ment.

XII. Chaque délibération ſera intitulée, ſelon ſa
nature, du nom du Maire & du Corps Municipal, ou
du Conſeil général de la Commune.

XIII. Les convocations ordonnées par le Corps Municipal & par le Conſeil général, ſeront faites au nom
du Maire & en celui du Corps ou Conſeil qui les aura
ordonnées.

XIV. Les brevets ou commiſſions donnés par le Conſeil général, ou par le Corps Municipal, ſeront ſignés
par le Maire ; il ne pourra refuſer ſon *viſa* ſur les nominations qui ne dépendront pas de lui.

XV. Il aura en ſa garde les ſceaux de la Ville, & les
fera appoſer, ſans frais, à tous les actes où ils ſeront
néceſſaires.

XVI. La première place, dans les cérémonies publiques de la Ville, lui appartiendra ; il ſera à la tête
de toutes les députations : une délibération du Corps
Municipal déſignera les emplois dont il aura la préſen-
tation.

XVII. Le Conſeil général de la Commune pourra
donner les Commiſſions qu'il jugera néceſſaires, &
déterminer les cas où les Employés ſeront tenus de fournir
des cautions.

XVIII. Le travail du Bureau ſera diviſé en cinq Départemens, 1.º celui des Subſiſtances ; 2.º celui de la
Police ; 3.º celui du Domaine & des Finances ; 4.º celui des Etabliſſemens publics de la Ville de Paris ; &
enfin celui des Travaux Publics. Le Corps Municipal
fixera les attributions & le nombre des Adminiſtrateurs
de chacun de ces Départemens.

XIX. Le Bureau pourra concerter directement avec les Ministres du Roi, les moyens de pourvoir aux subsistances & approvisionnemens nécessaires à la Capitale.

XX. Il s'assemblera trois fois par semaine, & on y rapportera toutes les affaires, de manière que le Maire & chacun des Administrateurs puissent connoître & éclairer les différentes parties de l'administration.

XXI. Les décisions du Bureau se prendront à la pluralité des voix, & le Greffier en tiendra registre.

XXII. Les Administrateurs se partageront les détails de leur Département respectif; mais aucun d'eux ne pourra donner un mandat sur la Caisse, sans le faire signer par un second Administrateur; précaution indépendante du visa du Maire dont on a parlé à l'article VII.

XXIII. Tous ces mandats seront de plus enregistrés au Département du Domaine, qui enregistrera également toutes les dépenses arrêtées par le Corps Municipal, ou par le Conseil général de la Commune.

XXIV. Le Corps Municipal statuera sur les difficultés qui pourront s'élever entre les Départemens divers, touchant leurs fonctions & attributions respectives.

XXV. Les Règlemens particuliers, nécessaires pour l'exercice des fonctions de divers Départemens, & pour le régime des différentes parties de la Municipalité attribuées à chacun de ces Départemens, seront dressés par le Corps Municipal, & confirmés par le Conseil général de la Commune.

XXVI. En l'absence du Maire, chacun des Administrateurs présidera alternativement les Assemblées du Bureau.

XXVII.

XXVII. Les Adminiftrateurs n'auront aucun maniement de deniers en recettes & en dépenfes. Les dépenfes
feront acquittées par le Tréforier.

XXVIII. Les dépenfes courantes de chaque Département feront ordonnées par les Adminiftrateurs refpectifs. Celles de la police, des fubfiftances, des établiffe-
mens & des travaux publics, feront contrôlées par le
Département du Domaine. Celles du Département du
Domaine feront contrôlées par le Maire, & infcrites
dans un regiftre qui reftera à la Mairie : les unes & les
autres feront acquittées par le Tréforier. Les dépenfes
plus confidérables, ou extraordinaires, feront ordonnées
par le Corps Municipal, ou par le Confeil général,
dans les cas qui lui devront être foumis : les mandats en
feront délivrés, conformément aux délibérations, par
les Adminiftrateurs dont elles regarderont le Département ; elles feront auffi enregiftrées dans la huitaine au
Département du Domaine, & acquittées par le Tréforier.

XXIX. Le Maire & les Adminiftrateurs feront au
Confeil Municipal, tous les deux mois, l'expofé fom-
maire de leur adminiftration.

XXX. Chacun d'eux rendra auffi fon compte définitif
tous les ans, conformément à l'article LIX du Titre
premier.

XXXI. Les Adminiftrateurs feront aftreints en tout
temps à donner connoiffance de leurs opérations au Maire,
au Corps Municipal, ou au Confeil général de la Commune, lorfqu'ils en feront requis. Ils donneront auffi,
ou feront donner au Procureur de la Commune, ou à
fes Subftituts, toutes les inftructions qu'ils auront de-
mandées.

Recueil de Décrets. IV. Partie.　　　　K

XXXII. Le Procureur de la Commune aura toujours le droit de requérir du Secrétaire-Greffier, de ses Adjoints, ou du Garde des archives, les instructions, renseignemens ou copies de pièces qu'il pourra desirer. Les Substituts, lorsqu'ils exerceront ses fonctions, jouiront du même droit.

XXXIII. Les quarante-huit Sections, avant de procéder à la première élection des Membres de la Municipalité, détermineront, sur la proposition de la Municipalité provisoire, le traitement du Maire, & les indemnités à accorder aux Administrateurs, au Procureur de la Commune, & à ses deux Substituts; elles détermineront aussi, sur la même proposition, le traitement du Secrétaire-Greffier & de ses deux Adjoints, du Garde des archives, & du Bibliothécaire.

XXXIV. Le nombre & les appointemens des Commis ou Employés dans les diverses parties de l'Administration municipale, au Secrétariat, aux Archives & à la Bibliothèque, seront déterminés par des délibérations particulières du Corps Municipal, & confirmés par le Conseil général de la Commune, d'après les renseignemens qui seront fournis par le Maire, les Administrateurs, le Secrétaire-Greffier ou ses Adjoints.

XXXV. Si les Administrateurs ou les personnes ayant un traitement annuel, font des voyages pour les affaires particulières de la Ville, leurs dépenses de voyage seulement leur seront remboursées.

XXXVI. En cas de voyage des Notables pour commissions particulières de la Ville, leurs dépenses de voyage leur seront également remboursées. On leur accordera en outre, une indemnité raisonnable, qui sera fixée par le Corps Municipal, & confirmée par le Conseil général.

XXXVII. Le Maire, les Administrateurs, les Conseillers & les Notables, le Procureur de la Commune, ses Substituts, le Secrétaire Greffier & ses Adjoints, & toutes autres personnes attachées au Corps Municipal ou au Conseil général de la Commune, ne pourront établir aucun droit de réception, ni recevoir de qui que ce soit, directement ou indirectement, ni étrennes, ni vin-de-Ville, ni présens; ils ne pourront non plus être intéressés à aucune des fournitures relatives à la Municipalité de Paris.

XXXVIII. Le Procureur de la Commune & ses Substituts auront séance, sans voix délibérative, à toutes les Assemblées du Bureau, du Corps Municipal ou du Conseil général. Nul rapport ne sera fait au Corps Municipal ou au Conseil général, qu'après que l'affaire aura été communiquée au Procureur de la Commune, ou, à son défaut, à l'un de ses Substituts; & nulle délibération ne sera prise sur les rapports, sans avoir entendu celui d'entr'eux à qui l'affaire aura été communiquée. Le Procureur de la Commune ou ses Substituts seront tenus de donner leur avis dans le délai qui aura été déterminé par le Corps Municipal.

XXXIX. Avant de rapporter une affaire au Conseil-général, on la communiquera sommairement au Maire: s'il ne se présente point, on procédera à la délibération malgré son absence.

XL. Le Secrétaire-Greffier & ses Adjoints tiendront la plume dans les Assemblées du Bureau, du Corps Municipal & du Conseil-général; ils rédigeront les Procès-verbaux & Délibérations, & ils en signeront les extraits ou expéditions, sans frais; ils veilleront aux impressions, affiches & envois; ils délivreront & contresigneront, aussi sans frais, les brevets donnés par le

Conseil-général, par le Corps Municipal ou par le Maire; & ils feront d'ailleurs toutes les fonctions du Secrétariat & du Greffe.

XLI. Le Tréforier fournira un cautionnement dont la fomme fera réglée par le Conseil-général.

XLII. Son traitement & fes frais de Bureau feront auffi réglés par le même Confeil.

XLIII. Le Corps Municipal fera tous les mois, & plus fouvent, s'il eft jugé utile, la vérification de la Caiffe. Le Tréforier préfentera tous les jours fon état de fitua-tion; il fournira auffi au Corps Municipal, à l'expiration de chaque année, un bordereau général de fes recettes & dépenfes; il préfentera de plus au Corps Municipal, dans les trois premiers mois de l'année fuivante, fes comptes appuyés de pièces juftificatives, lefquels devront être arrêtés dans les trois mois fuivans.

XLIV. Outre la publicité & l'impreffion des recettes & dépenfes, ordonnées par l'article LVIII & l'article LIX du Décret du 14 Décembre, le Confeil-général pourra vérifier l'état de la Caiffe & les comptes du Tré-forier, tant que celui-ci n'aura pas obtenu fa décharge définitive.

XLV. L'arrêté de l'Adminiftration ou du Directoire du Département de Paris, opérera feul la décharge dé-finitive des Comptables.

TITRE IV.

ARTICLE PREMIER.

L'Affemblée des quarante-huit Sections devra être convoquée par le Corps Municipal, lorfque le vœu de huit Sections, réfultant de la majorité des voix, dans une Assemblée de chaque Section, composée de cent Citoyens actifs au moins, & convoquée par le Président des Commissaires de la Section, se sera réuni pour la demander.

Le Président des Commissaire d'une Section sera tenu de convoquer sa Section, lorsque cinquante Citoyens actifs se réuniront pour la demander.

II. Lorsque l'Assemblée des quarante-huit Sections aura lieu, un membre du Corps Municipal ou un des Notables pourra assister à l'Assemblée de chacune des Sections, mais sans pouvoir la présider, & sans que son absence puisse la différer.

III. Il y aura dans chacune des quarante-huit Sections un Commissaire de Police toujours en activité, & dont les fonctions relatives à la Municipalité seront déterminées par les article suivans.

IV. Chacune des quarante-huit Sections aura en outre seize Commissaires, sous le nom de Commissaires de Section, qui exerceront dans leur arrondissement, sous l'autorité du Corps Municipal & du Conseil général de la Commune, les fonctions suivantes :

V. Les seize Commissaires de Section seront chargés de surveiller & de seconder au besoin le Commissaire de Police.

VI. Ils seront tenus de veiller à l'exécution des Ordonnances, Arrêtés ou Délibérations, sans y apporter aucun obstacle ni retard : le Commissaire de Police aura séance & voix consultative à leurs Assemblées.

VII. Ils donneront aux Administrateurs, au Corps Municipal & au Conseil-général, ainsi qu'au Maire, au Procureur de la Commune, & à ses Substituts, tous les éclairciſſemens, inſtructions & avis qui leur ſeront demandés.

VIII. Ils nommeront entre eux un Préſident, & ſe réuniront tous les huit jours, & en outre, toutes les fois que des circonſtances extraordinaires l'exigeront.

IX. L'un d'eux reſtera, à tour de rôle, vingt-quatre heures dans ſa maiſon, afin que le Commiſſaire de Police, & les Citoyens de la Section, puiſſent recourir à lui en cas de beſoin ; le Commiſſaire de ſervice ſera de plus chargé de répondre aux demandes & repréſentations qui pourront être faites.

X. Les jeunes Citoyens de la Section, parvenus à l'âge de vingt-un ans, après s'être fait inſcrire chez le Commiſſaire de Police, porteront leur certificat d'inſcription chez le Commiſſaire de Section qui ſe trouvera de ſervice, & leur indiquera l'époque de la preſtation de leur ſerment.

XI. Les Commiſſaires de Section pourront être chargés par l'Adminiſtration du Département de Paris, de la répartition des impôts dans leurs Sections reſpectives.

XII. Les Commiſſaires de Police ſeront élus pour deux ans, & pourront être réélus autant de fois que leur Section le jugera convenable : le premier remplacement, s'il y a lieu, ne pourra ſe faire qu'à la Saint-Martin 1792 ; le Conſeil-général de la Commune fixera la ſomme de leur traitement.

XIII. Chaque Commiſſaire de Police aura ſous ſes ordres un Secrétaire-Greffier de Police, dont le Conſeil-général de la Commune fixera auſſi le traitement

XIV. Les personnes domiciliées, arrêtées en flagrant délit dans l'arrondissement d'une Section, seront conduites chez le Commissaire de Police. Celui-ci pourra, avec la signature de l'un des Commissaires de Section, envoyer dans une maison d'arrêt les personnes ainsi arrêtées, lesquelles seront entendues dans les vingt-quatre heures, conformément à ce qui sera réglé par la suite.

XV. Les personnes non domiciliées, arrêtées dans l'arrondissement d'une Section, seront conduites chez le Commissaire de Police: si elles sont prévenues d'un désordre grave ou d'un délit, celui-ci pourra les envoyer dans une maison d'arrêt, où elles seront interrogées dans les vingt-quatre heures & remises en liberté, ou selon la gravité des circonstances, livrées à la Justice ordinaire, ou condamnées par le Tribunal de Police qui sera établi.

XVI. Le Commissaire de Police, en cas de vol ou d'autres crimes gardera par-devers lui les effets volés & les pièces de conviction, pour les remettre aux Juges. Dans tous les cas, il dressera procès-verbal des pièces & des faits, & il tiendra registre du tout; il en instruira de plus le Département de Police, & le Commissaire de Section qui se trouvera de service.

XVII. Hors les cas du flagrant délit, la Municipalité ne pourra ordonner l'arrestation de qui que ce soit que dans les cas, & de la manière qui seront déterminés dans le Réglement de Police.

XVIII. Le Commissaire de Police rendra compte au Maire ainsi que l'ordonnera celui-ci.

XIX. Le Commissaire de Police rendra tous les soirs, au Commissaire de Section qui sera de service, un

K 4

compte sommaire & par écrit des événemens de la journée.

XX. Le Sécretaire-Greffier tiendra la plume aux Assemblées du Comité ; il dressera les procès-verbaux lorsqu'il en sera requis par les Commissaires ; il sera chargé de faire les expéditions, les extraits & les envois à qui il appartiendra ; il sera aussi chargé de la tenue de tous les registres nécessaires aux fonctions du Comité & du Commissaire de Police.

XXI. Les appointemens du Sécretaire-Greffier seront acquittés des deniers communs de la Ville.

XXII. il sera procédé à l'élection des seize Commissaires de Section, du Commissaire de Police & du Sécretaire-Greffier, par les Assemblées de chaque Section, immédiatement après les élections des Membres du Corps Municipal & du Conseil général de la Commune.

XXIII. L'élection du Commissaire de Police se fera au scrutin & à la pluralité absolue des suffrages, mais par bulletin de deux noms. Si le premier ou le second tour de scrutin ne donne pas cette pluralité absolue, on procédera à un troisième & dernier, dans lequel on n'écrira qu'un nom ; les voix ne pourront porter que sur l'un des deux Citoyens qui en auront obtenu le plus grand nombre au second scrutin.

XXIV. Le Commissaire de Police & le Sécretaire-Greffier ne pourront être choisis que parmi les Citoyens éligibles de la Section, & ils seront tenus d'y résider.

XXV. L'élection du Sécretaire-Greffier se fera au scrutin par bulletin de deux noms, & à la pluralité

relative , laquelle fera au moins du quart des fuffrages.

XXVI. Les feize Commiffaires de Section feront
choifis parmi les Citoyens éligibles de la Section , au
fcrutin , par bulletin de lifte de fix noms.

XXVII. Ceux qui , par le dépouillement du fcrutin ,
fe trouveront réunir la pluralité relative du tiers au
moins des fuffrages , feront déclarés Commiffaires.

XXVIII. Pour le nombre des Commiffaires reftans
à nommer , comme auffi dans le cas où aucun Citoyen n'auroit eu la pluralité du tiers des voix , il fera
procédé à un fecond fcrutin par bulletin de lifte de
fix noms ; & ceux qui , par le dépouillement de ce
fcrutin , réuniront la pluralité relative du tiers au
moins des voix , feront déclarés Commiffaires.

XXIX. Si le nombre des feize Commiffaires n'eft pas
encore rempli , ou fi aucun Citoyen ne fe trouve élu ,
il fera procédé à un dernier fcrutin , par bulletin de
lifte de fix noms ; & à la fimple pluralité relative des
fuffrages : ceux qui l'obtiendront feront déclarés élus
jufqu'à concurrence des feize Commiffaires à nommer.

XXX. Si un Citoyen nommé Commiffaire au troifième tour , refufe , il fera remplacé par le concurrent
qui , dans ce même tour de fcrutin , aura eu le plus
de voix après lui : fi un Citoyen nommé Commiffaire
dans les deux premiers fcrutins refufe après la diffo-
lution de l'Affemblée , il fera remplacé par celui qui ,
dans les divers fcrutins , aura eu le plus de voix. Les
Commiffaires de Section , en cas de mort ou de dé-
miffion dans le cours de l'année , feront remplacés ,
jufqu'à l'époque ordinaire des élections , par ceux des
Citoyens qui auront eu le plus de voix après eux ; &

pour exécuter ces deux dispositions, on conservera les résultats des scrutins.

XXXI. L'exercice des fonctions de Commissaire de Police sera incompatible avec celles de la Garde Nationale.

XXXII. Les Commissaires de Section, le Commissaire de Police & son Secrétaire-Greffier prêteront serment entre les mains du Président de l'Assemblée de la Section, de bien & fidèlement remplir leurs devoirs.

XXXIII. La moitié des Commissaires de Section sortira chaque année. La première sortie se fera par la voie du sort; elle n'aura lieu qu'à l'époque des élections ordinaires en 1791; &, pour la première fois, le temps qui s'écoulera entre l'époque de leur élection & l'époque fixe des élections ordinaires, ne sera point compté.

XXXIV. Les élections des Secrétaires-Greffiers se renouvelleront tous les deux ans, & l'époque en sera fixée de façon à alterner avec celle de l'élection des Commissaires de Police.

TITRE V.

Décrets généraux sur les Municipalités du Royaume, que l'article IV du titre premier déclare applicables à la Ville de Paris, & ordonne de rapporter à la fin du Règlement de la Municipalité de la Capitale.

ARTICLE PREMIER.

Les Officiers & Membres des Municipalités actuelles seront remplacés par voie d'élection.

II. Les droits de préfentation, nomination ou confirmation, & les droits de préfidence ou de préfence aux Affemblées Municipales, prétendus ou exercés comme attachés à la poffeffion de certaines terres, aux fonctions de Commandant de Provinces ou de Villes, aux Evêchés ou Archevêchés, & généralement à tel autre titre que ce puiffe être, font abolis.

III. Tous les Citoyens actifs de chaque Ville, Bourg, Paroiffe ou Communauté, pourront concourir à l'élection des Membres du Corps Municipal.

IV. Les Affemblées des Citoyens actifs feront convoquées par le Corps Municipal, huit jours avant celui où elles devront avoir lieu. La féance fera ouverte en préfence d'un Citoyen chargé par le Corps Municipal d'expliquer l'objet de la convocation.

V. Chaque Affemblée procédera, dès qu'elle fera formée, à la nomination d'un Préfident & d'un Secrétaire : il ne faudra pour cette nomination que la fimple pluralité relative des fuffrages, en un feul fcrutin recueilli & dépouillé par les trois plus anciens d'âge.

VI. Chaque Affemblée nommera enfuite, à la pluralité relative des fuffrages, trois Scrutateurs qui feront chargés d'ouvrir les fcrutins fubféquens, de les dépouiller, de compter les voix & de proclamer les réfultats. Ces trois Scrutateurs feront nommés par un feul fcrutin recueilli & dépouillé, comme le précédent, par les trois plus anciens d'âge.

VII. Les conditions de l'éligibilité pour les Adminiftrations Municipales, feront les mêmes que pour les Adminiftrations de Département & de Diftrict.

VIII. Les Officiers Municipaux & les Notables ne

pourront être nommés que parmi les Citoyens éligibles de la Commune.

IX. Les Citoyens qui occupent des places de judicature, ne peuvent être en même-temps Membres des Corps Municipaux.

X. Ceux qui font chargés de la perception des impôts indirects, tant que ces impôts fubfifteront, ne peuvent être admis en même temps aux fonctions Municipales.

XI. Les Maires feront toujours élus à la pluralité abfolue des voix. Si le premier fcrutin ne donne pas cette pluralité, il fera procédé à un fecond : fi celui-ci ne la donne point encore, il fera procédé à un troifième, dans lequel le choix ne pourra plus fe faire qu'entre les deux Citoyens qui auront réuni le plus de voix aux fcrutins précédens : enfin, s'il y avoit égalité de fuffrages entr'eux à ce troifième fcrutin, le plus âgé feroit préféré.

XII. Il y aura, dans chaque Municipalité, un Procureur de la Commune, fans voix délibérative. Il fera chargé de défendre les intérêts & de pourfuivre les affaires de la Communauté.

XIII. Le Procureur de la Commune fera nommé par les Citoyens actifs, au fcrutin & à la pluralité abfolue des fuffrages, dans la forme, & felon les règles prefcrites pour l'élection du Maire.

XIV. Le Bureau fera chargé de tous les foins de l'exécution, & borné à la fimple régie.

XV. Toutes les délibérations néceffaires à l'exercice des fonctions du Corps Municipal feront prifes dans l'Affemblée des Membres du Confeil & du Bureau réunis, à l'exception des délibérations relatives à l'arrêté des comptes, qui feront prifes par le Confeil feul.

XVI. Les Officiers Municipaux & les Notables feront élus pour deux ans, & renouvelés par moitié chaque année.

XVII. Le Maire reftera en exercice pendant deux ans ; il pourra être réélu pour deux autres années ; mais en-fuite il ne fera permis de l'élire de nouveau qu'après un intervalle de deux ans.

XVIII. Le Procureur de la Commune confervera fa place pendant deux ans, & pourra également être réélu pour deux autres années.

XIX. Les Affemblées d'élection pour les renouvelle-mens annuels, fe tiendront, dans tout le Royaume, le Dimanche d'après la St. Martin, fur la convocation des Officiers Municipaux.

XX. Avant d'entrer en exercice, le Maire & les autres Membres du Corps Municipal, le Procureur de la Commune & fon Subftitut, s'il y en a un, prêteront le ferment de maintenir de tout leur pouvoir, la Conf-titution du Royaume, d'être fidèles à la Nation, à la Loi & au Roi, & de bien remplir leurs fonctions. Ce ferment fera prêté à la prochaine élection devant la Commune, & devant le Corps Municipal aux élections fuivantes.

XXI. Le Maire & les autres Membres du Corps Municipal, le Procureur de la Commune & fon Subfti-tut, ne pourront exercer en même-temps ces fonctions & celles de la Garde Nationale.

XXII. Le Confeil général de la Commune, compofé tant des Membres du Corps Municipal que des Notables, fera convoqué toutes les fois que l'Adminiftration Muni-

cipale le jugera convenable ; elle ne pourra se dispenser
de le convoquer, lorsqu'il s'agira de délibérer,

Sur des acquisitions ou aliénations d'immeubles;

Sur des impositions extraordinaires pour des dépenses
locales;

Sur des emprunts ;

Sur des travaux à entreprendre ;

Sur l'emploi du prix des ventes, des remboursemens
ou des recouvremens ;

Sur les procès à intenter ;

Même sur les procès à soutenir, dans le cas où le fond
du droit sera contesté.

XXIII. Dans toutes les villes au-dessus de quatre mille
ames, les comptes de l'Administration Municipale
en recettes & dépenses, seront imprimés chaque
année.

XXIV Dans toutes les Communautés, sans distinction, les Citoyens actifs pourront prendre au Greffe
de la Municipalité, sans déplacer & sans frais, communication des comptes, des pièces justificatives & des
Délibérations du Corps Municipal, toutes les fois qu'ils
le requerront.

XXV. Si un Citoyen croit être personnellement lésé
par quelque acte du Corps Municipal, il pourra exposer
ses sujets de plainte à l'Administration, ou au Directoire
de Département, qui y fera droit, après avoir vérifié
les faits.

XXVI Tout Citoyen actif pourra signer & présenter
contre les Officiers Municipaux, la dénonciation des
délits d'administration dont il prétendra qu'ils se seront
rendus coupables; mais avant de porter cette dénonciation dans les Tribunaux, il sera tenu de la soumettre à
l'Administration, ou au Directoire du Département,

qui, après avoir examiné les faits, renverra la dénonciation, s'il y a lieu, à ceux qui devront en connoître.

XXVII. Nul citoyen ne pourra exercer en même temps,
dans la même ville ou Communauté, les fonctions
municipales & les fonctions militaires.

XXVIII. Aux prochaines élections, lorsque les Af-
semblées primaires des Citoyens actifs de chaque canton,
ou les Assemblées particulières de chaque Communauté,
auront été formées, & aussi-tôt après que le Président
& le Secrétaire auront été nommés, il sera, avant de
procéder à aucune autre élection, prêté par le Président
& le Secrétaire, en présence de l'Assemblée, & ensuite
par les Membres de l'Assemblée, entre les mains du
Président, le serment » de maintenir de tout leur pou-
» voir la Constitution du Royaume, d'être fidèles à la
» Nation, à la Loi & au Roi, de choisir en leur ame
» & conscience les plus dignes de la confiance publique,
» & de remplir avec zèle & courage les fonctions
» civiles & politiques qui pourront leur être confiées. «
Ceux qui refuseront de prêter ce serment seront incapables d'élire ou d'être élus.

XXIX. Jusqu'à l'époque où l'Assemblée Nationale
aura déterminé par ses Décrets l'organisation définitive
des Milices & des Gardes Nationales, les Citoyens qui
remplissent actuellement les fonctions d'Officiers ou de
Soldats dans les Gardes Nationales, même ceux qui
se sont formés sous la dénomination de Volontaires,
prêteront par provision, & aussi-tôt après que les Municipalités seront établies, entre les mains du Maire &
des Officiers Municipaux, en présence de la Commune
assemblée, le serment d'être fidèles à la Nation, à la
Loi & au Roi; de maintenir de tout leur pouvoir, sur
la réquisition des Corps Administratifs & Municipaux,

la Conſtitution du Royaume, & de prêter pareillement, ſur les mêmes réquiſitions, main-forte à l'exécution des Ordonnances de Juſtice, & à celles des Décrets de l'Aſſemblée Nationale acceptés ou ſanctionnés par le Roi.

XXX. Lorſque le Maire & les Officiers Municipaux ſeront en fonction, ils porteront pour marque diſtinctive par-deſſus leur habit & en baudrier, une écharpe aux trois couleurs de la Nation, bleu, rouge & blanc, attaché d'un nœud, & ornée d'une frange couleur d'or pour le Maire, blanche pour les Officiers municipaux, & violette pour le Procureur de la Commune.

Les rangs ſont ainſi réglés :

XXXI. Le Maire, puis les Officiers Municipaux, ſelon l'ordre des tours de ſcrutin où ils auront été nommés, & dans le même tour, ſelon le nombre des ſuffrages qu'ils auront obtenus ; enfin le Procureur de la Commune, & ſes Subſtituts, que ſuivront les Greffiers & Tréſoriers. Quant aux Notables, ils n'ont de rang que dans les Séances du Conſeil général ; ils y ſiégeront à la ſuite du Corps Municipal, ſelon le nombre des ſuffrages donnés à chacun d'eux : en cas d'égalité, le pas appartient aux plus âgés.

XXXII. Cet ordre ſera obſervé même dans les cérémonies religieuſes, immédiatement à la ſuite du Clergé ; cependant la préſéance attribuée aux Officiers Municipaux ſur les autres Corps, ne leur confère aucun des anciens droits honorifiques dans les Egliſes.

XXXIII. La condition du domicile de fait, exigée pour l'exercice des droits de Citoyen actif, dans une Aſſemblée de Commune ou dans une Aſſemblée primaire, n'emporte que l'obligation d'avoir dans le lieu, ou dans le canton, une habitation depuis un an, & de

déclarer

déclarer qu'on n'exerce les mêmes droits dans aucun autre endroit.

XXXIV. Ne feront réputés Domestiques ou Serviteurs à gages, les Intendans ou Régisseurs, les ci-devant feudistes, les Secrétaires, les Charretiers ou Maîtres-valets de labour, employés par les Propriétaires, Fermiers ou Métayers, s'ils réunissent d'ailleurs les autres conditions exigées.

Mandons & ordonnons à tous les Tribunaux & Municipalité de Paris, que les présentes ils fassent transcrire sur leurs Registres, lire, publier, afficher & exécuter dans leurs Ressorts respectifs, ainsi que le Décret du 21 Mai, le Procès-verbal de la Division de la Ville de Paris en 48 Sections, & le Décret du 22 de ce mois, dont la teneur suit lesdites Présentes. En foi de quoi Nous avons signé & fait contresigner cesdites Présentes, auxquelles Nous avons fait apposer le Sceau de l'État. A Paris, le vingt-septième jour du mois de Juin, l'an de grâce 1790, & de notre Règne le dix-septième. Signé LOUIS. Par le Roi, GUIGNARD, visa

† L'ARCHEVÊQUE DE BORDEAUX.

Du 21 Mai 1790.

Suite de l'Article XXXIV des Lettres-Patentes ci-dessus.

L'Assemblée Nationale, en exécution de l'article VI du Titre premier du Règlement pour la Municipalité de la Capitale, autorise les Commissaires adjoints au Comité de Constitution, à tracer la division de la Ville de Paris en quarante-huit Sections, après avoir entendu les Commissaires de la Municipalité, & les Commissaires des soixante Districts actuels, & les charge de rendre

Recueil de Décrets. IV. Partie.　　　L

compte à l'Assemblée des difficultés qui pourront survenir.

Les Commissaires-Adjoints signeront deux exemplaires du Plan de la Ville de Paris, divisée en quarante-
huit Sections, & du Procès-verbal de division : l'un des
exemplaires sera déposé aux Archives de l'Assemblée
Nationale, & l'autre sera envoyé au Greffe de l'Hôtel-
de-ville.

*DÉCRET du 22 Juin 1790, concernant la Division de
Paris en quarante-huit Sections.*

L'Assemblée Nationale, conformément à l'article
VI du Titre premier du Règlement général pour la Municipalité de Paris, décrète la division de cette Ville
en quarante-huit Sections, telle qu'elle est tracée &
énoncée dans le plan & le procès-verbal joint au présent
Décret. Elle ordonne de déposer aux Archives de l'Assemblée & au Greffe de l'Hôtel-de-Ville, un exemplaire
de ce Plan & de ce Procès-verbal, signé des Commissaires-Adjoints au Comité de Constitution.

Le Roi sera supplié de donner les ordres nécessaires
pour que les opérations préalables aux élections soient
terminées au plus tard le 4 Juillet, & que les élections
commencent le lendemain.

LES COMMISSAIRES ADJOINTS au Comité de
Constitution, autorisés par l'Article XXXIV du Décret
de l'Assemblée Nationale de l'organisation de la Municipalité de Paris des 3 Mai & jours suivans, à tracer la
division de cette Ville en quarante-huit Sections, après
avoir entendu les Commissaires de la Municipalité provisoire & ceux des soixante Districts actuels ;

Vu les Procès-verbaux des Séances de l'Assemblée des Députés de la Commune & des Commissaires nommés par l'universalité des Districts des 6, 12 & 14 Juin; ensemble les Mémoires & les Délibérations présentées au Comité de Constitution au nombre de soixante-dix Pièces déposées aux Archives de l'Assemblée Nationale, ont arrêté & tracé cette division avec les dénominations des nouvelles Sections (1).

Lettres-Patentes du Roi, sur le Décret de l'Assemblée Nationale, qui autorise la Municipalité de Paris à faire évacuer le Couvent des Récollets du Fauxbourg Saint-Laurent, & celui des Dominicains de la rue Saint-Jacques, pour y établir des dépôts de Mendicité ou ateliers de charité.

Données à Saint-Cloud, le 18 Juin 1790.

LOUIS, par la grace de Dieu, & par la Loi constitutionnelle de l'Etat, *Roi des François* : A tous ceux qui ces présentes Lettres verront ; Salut. L'Assemblée Nationale, par son Décret du 10 de ce mois, a autorisé, & nous autorisons la Municipalité de Paris, en exécution du Décret du 20 Mai, par Nous sanctionné, sur la mendicité, à faire évacuer le Couvent des Récollets du fauxbourg Saint-Laurent & celui des Dominicains de la rue Saint-Jacques, pour être provisoirement employés à servir, soit de dépôt aux Mendians infirmes, soit d'ateliers de travail pour les Mendians valides.

---

(1) Elles se trouvent à la suite de ce Décret, chez Baudouin, Imprimeur de l'Assemblée Nationale, rue du Foin Saint Jacques, N°. 31.

L 2

Chargeons de plus la Municipalité de Paris, de prendre fur les fonds qu'elle est autorisée à percevoir, par le Décret du 8 du présent mois, que Nous avons avons pareillement sanctionné, pour assurer des moyens de subsistance aux Religieux de ces deux Maisons, soit qu'ils veulent être transférés dans d'autres Couvens de leur Ordre, soit qu'ils déclarent vouloir jouir du bénéfice de nos Lettres-Patentes fur les Décrets des 19, 20 Février & 20 Mars derniers.

Mandons & ordonnons aux Tribunaux, & à la Municipalité de la Ville de Paris, que les présentes ils fassent transcrire fur leurs Registres, lire, publier, afficher & exécuter. En foi de quoi Nous avons signé & fait contresigner cesdites présentes, auxquelles Nous avons fait apposer le sceau de l'Etat. A Saint-Cloud, le dix-huitième jour du mois de Juin, l'an de grace mil sept cent quatre-vingt-dix, & de notre règne le dix-septième. *Signé*, LOUIS. *Et plus bas*, par le Roi, DE SAINT-PRIEST. Et scellées du Sceau de l'Etat.

Lettres-Patentes du Roi, fur le Décret de l'Assemblée Nationale, du 15 Juin 1790, concernant les Droits connus fous la dénomination de Criées de Mons, ou Domaine du Hainaut, auxquels la ci-devant province du Hainaut, demeure assujettie jusqu'à ce qu'il ait été établi un mode d'Imposition uniforme par tout le Royaume.

Données à Paris le 20 Juin 1790.

LOUIS, par la grâce de Dieu, & par la Loi constitutionnelle de l'Etat, *Roi des François*: A tous présens & à venir; SALUT. L'Assemblée Nationale, informée que dans quelques parties des Diſtricts du Département du Nord, qui compoſoient ci-devant la province du Hainaut, il a été donné à l'art. XII du titre II du Décret du 15 Mars dernier concernant les Droits féodaux, ſanctionné par nos Lettres-Patentes du 28 du même mois, une interprétation abuſive, & qui ne tendroit à rien moins qu'à faire ceſſer toutes les impoſitions indirectes dans ces Diſtricts, après avoir entendu ſes Comités des Finances & de féodalité, a décrété le 15 de ce mois, & Nous voulons & ordonnons ce qui ſuit:

Le Décret de l'Aſſemblée Nationale du 28 Janvier dernier, ſanctionné par Nous le 30 du même mois, doit être éxécuté ſelon ſa forme & teneur, n'y ayant été nullement dérogé par l'article XII. du titre II de celui du 15 Mars ſuivant, ſanctionné par Nous le 28 du même mois.

Ordonnons en conſéquence que juſqu'à ce qu'il ait été établi un mode d'impoſition uniforme pour tout le Royaume, la ci-devant province du Hainaut demeurera aſſujettie aux droits qui s'y perçoivent au profit du Tréſor public, ſur les vins, eaux-de-vie, bières, cidres, tabacs, ſels, charbon de terre, bois, tuage de beſtiaux, pas de Penas, & ſur les bêtes vives dont la retrouve ſe fait chaque année, & généralement à tous les droits connus ſous la dénomination de *Crides de Mons* ou *Domaine du Hainaut*.

Ordonnons en outre que du moment où notre Commiſſaire départi en Hainaut, aura ceſſé ſes fonctions en conformité du Décret du 22 Décembre 1789, par Nous ſanctionné, les Procès-verbaux des contraventions auxdits droits ſeront, juſqu'à ce qu'il y ait été autrement pourvu, portés devant l'Aſſemblée de Département du Nord ou ſon Directoire, qui les jugera ſommairement ſans frais & ſans appel.

L 5

Déchargeons de toutes pourſuites, pour raiſon des contraventions commiſes dans l'intervalle de la publication des Lettres-Patentes du 28 Mars dernier, à celle de ces préſentes, ceux qui, dans la quinzaine, à compter du jour où ces préſentes auront été publiées & affichées par la Municipalité du lieu de leur réſidence, acquitteront ou offriront réellement au bureau de la Régie générale, les droits par eux dus & mentionnés dans les Procès-verbaux dreſſés à leur charge.

Mandons & ordonnons à tous Tribunaux, Corps adminiſtratifs & Municipalités, que ces préſentes ils faſſent tranſcrire ſur leurs Regiſtres, lire, publier & afficher dans leurs Reſſorts & Départemens reſpectifs, & exécuter comme Loi du Royaume. En foi de quoi nous avons ſigné & fait contreſigner ceſdites Préſentes, auxquelles Nous avons fait appoſer le ſceau de l'Etat. A Paris, le vingtième jour du mois de Juin, l'an de grace mil ſept cent quatre-vingt-dix, & de notre règne le dix-ſeptième. *Signé*, LOUIS. *Et plus bas*, par le Roi, DE SAINT PRIEST. Vu au Conſeil, LAMBERT. Et ſcellées du ſceau de l'Etat.

Lettres-Patentes du Roi ſur un Décret de l'Aſſemblée Nationale, qui autoriſent les Villes, Bourgs, Villages & Paroiſſes auxquels les ci-devant Seigneurs ont donné leurs noms de famille, à reprendre leurs noms anciens.

Données à Paris le 23 Juin 1790.

LOUIS, par la grace de Dieu, & par la Loi conſtitutionnelle de l'Etat, *Roi des François*: A tous ceux qui ces préſentes Lettres verront; SALUT. L'Aſſemblée

Nationale a décrété le 20 de ce mois, & Nous voulons & ordonnons ce qui suit :

Les Villes, Bourgs, Villages & Paroisses auxquels les ci-devant Seigneurs ont donné leurs noms de famille, sont autorisés à reprendre leurs noms anciens.

Mandons & ordonnons à tous les Tribunaux, Corps Administratifs & Municipalités, que les présentes ils fassent transcrire sur leurs registres, lire, publier & afficher dans leurs Ressorts & Départemens respectifs, & exécuter comme Loi du Royaume. En foi de quoi Nous avons signé & fait contre-signer cesdites présentes, auxquelles Nous avons fait apposer le sceau de l'Etat. A Paris le vingt-troisième jour du mois de Juin, l'an de grâce mil sept cent quatre-vingt-dix, & de notre règne le dix-septième *Signé* LOUIS. *Et plus bas,* Par le Roi, GUIGNARD. Et scellées du sceau de l'Etat.

Lettres-Patentes du Roi, Sur le Décret de l'Assemblée Nationale, des 6 & 7 Juin 1790, portant que le Caissier & Administrateur général, & tous Dépositaires du prix des Domaines & Bois, seront tenus de verser dans la Caisse des Receveurs des Districts, le montant des quarts de réserve des bois des Communautés, tant Ecclésiastiques que Laïques, sur les demandes qui leur en seront faites par les Directoires des Départemens.

Données à Paris le 23 Juin 1790.

LOUIS, par la grace de Dieu, & par la Loi constitutionnelle de l'Etat, Roi des François : A tous ceux qui

ces préfentes Lettres verront, SALUT. L'Affemblée Nationale, d'après le rapport de fon Comité des finances, a
décrété les 6 & 7 Juin 1790, & Nous voulons & ordonnons, 1.º que le Caiffier & Adminiftrateur général
des Domaines & Bois de la Province de Franche-comté,
foit tenu de verfer dans la caiffe du Receveur de Cham-
plitte, la fomme qu'il tient en dépôt, & provenante
de la dernière vente des bois de réferve de ladite ville.:
2.º Que partie de cette fomme foit employée à payer les
grains que la ville a fournis aux habitans, fauf à en
recouvrer le prix fur ceux qui ne feroient pas infolvables :
3.º Que le furplus de cette fomme & les recouvremens
des avances faites aux particuliers, foient auffi employés
aux réparations preferites par l'Arrêt du Confeil, qui a
ordonné la vente defdits bois, fous la réferve expreffe
d'en juftifier pardevant les Directoires des Diftricts &
de Département Voulons pareillement que tous Dépo-
fitaires du prix des domaines & bois, même les anciens
Receveurs généraux des domaines & bois fuppriinés en
1777, leurs héritiers ou repréfentans, tant pour les
quarts de réferve des Communautés eccléfiaftiques que
des Communautés laïques, foient tenus de verfer dans
les caiffes des Receveurs des Diftricts, fur les demandes
qui leur en feront faites par les Directoires des Départemens, les fommes provenues des ventes de bois des
Communautés qui font actuellement en leur poffeffion,
lefquelles fommes ne feront employées par les Municipalités, que d'après la deftination qui en fera faite par
lefdits Directoires de Département, de l'avis du Directoire de Diftrict, précédé de la délibération du Confeil
général des Municipalités.

Mandons & ordonnons à tous les Tribunaux, Corps
adminiftratifs & Municipalités, que les préfentes ils faffent
tranferire fur leurs regiftres, lire, publier & afficher dans

leurs Reſſorts & Départemens reſpectifs, & exécuter comme Loi du Royaume : En foi de quoi Nous avons ſigné & fait contreſigner ceſdites préſentes, auxquelles Nous avons fait appoſer le Sceau de l'Etat, A Paris, le vingt-troiſième jour du mois de Juin, l'an de grace mil ſept cent quatre-vingt-dix, & de notre règne le dix-ſeptième. *Signé* LOUIS. *Et plus bas*, Par le Roi, DE SAINT-PRIEST. Vu au Conſeil, LAMBERT. Et ſcellées du Sceau de l'Etat.

Proclamation du Roi, ſur un Décret de l'Aſſemblée Nationale, concernant la Ville de Nîmes.

Du 23 Juin 1790.

Vu par le Roi, le Décret, dont la teneur ſuit :

Décret de l'Aſſemblée Nationale, du 17 Juin 1790.

1.º L'Aſſemblée Nationale, ſur le rapport qui lui a été fait au nom de ſon Comité des Recherches, de deux délibérations de quelques particuliers ſe diſant les Citoyens catholiques de Nîmes, des 20 Avril dernier & premier de ce mois, ainſi que d'une autre délibération de quelques particuliers d'Uzès, ſe diſant les Citoyens catholiques d'Uzès, en adhéſion à celle du 20 Avril, & en date du 2 Mai dernier; conſidérant que leſdites délibérations contiennent des principes dangereux, & propres à exciter des troubles & des diſſentions dans le Royaume, a décrété & décrète que les ſieurs La Pierre, Michel, Vigne, Folacher, Robin, Froment, Velu, François Fauve, Ribens, Melquion aîné & Fernel, qui ont ſigné en qualité de Préſident & de Commiſſaires, la première de ces délibérations; les ſieurs de Gueydon, Baron de la Reiſanglade & Gauſſade, qui ont ſigné la seconde en qualité de Président & de Commissaires; enfin, les sieurs Baron de Fontarèches, d'Entraigues de Chabannes, Lairac, Borie & Puget, qui, aussi en qualité de Président & de Commissaires, ont signé celle des particuliers se disant les Citoyens catholiques d'Uzès, en date du 2 Mai, seront mandés à la Barre de l'Assemblée, pour y rendre compte de leur conduite, & que provisoirement ils seront privés des droits attachés à la qualité de Citoyens actifs.

2.° Sur l'observation faite par le Comité des Recherches, qu'il lui a été remis un grand nombre de pièces concernant des troubles arrivés dans la ville de Nîmes, & qu'il est indispensable d'acquérir la preuve des faits qui y sont dénoncés, circonstances & dépendances, l'Assemblée Nationale arrête que son Président se retirera sans délai par-devers le Roi, pour supplier Sa Majesté d'ordonner qu'il sera informé desdits faits pardevant le Présidial de Nîmes.

Le Roi a sanctionné & sanctionne ledit Décret, pour être exécuté, Mande & ordonne Sa Majesté aux Commissaires qu'Elle a nommés pour l'établissement des Assemblées administratives dans le Département du Gard, de tenir la main à son exécution: Enjoint aux personnes y dénommées de s'y conformer, & au Procureur de Sa Majesté au Présidial de Nîmes, de faire les diligences nécessaires pour qu'il soit informé des troubles arrivés dans ladite ville, afin d'acquérir la preuve des faits, circonstances & dépendances. Fait à Paris, le vingt-trois Juin mil sept cent quatre-vingt-dix. *Signé* LOUIS. *Et plus bas*, Par le Roi, GUIGNARD.

Lettres-Patentes du Roi, sur le Décret de l'Assemblée Nationale concernant la Dixme.

Données à Paris, le 23 Juin 1790.

LOUIS, par la grâce de Dieu, & par la Loi constitutionelle de l'État, Roi des François : A tous ceux qui ces présentes Lettres verront ; SALUT. L'Assemblée Nationale, sur le rapport qui lui a été fait de plusieurs pétitions tendantes à ce que les redevables eussent la faculté de payer les Dixmes en argent, la présente année, au lieu de les acquitter en nature ; instruite pareillement que dans quelques endroits, un petit nombre des redevables, sans doute égarés par des gens mal-intentionnés, se disposoient à refuser de les payer, même à s'opposer à la perception ; instruite encore que quelques Bénéficiers, Corps ou Communautés ne se disposoient point à les percevoir, & ne donnoient pas les soins nécessaires aux biens qu'ils sont provisoirement chargés de régir, a décrété, le 18 de ce mois, & Nous voulons & ordonnons ce qui suit :

ARTICLE PREMIER.

Tous les redevables de la Dixme, tant ecclésiastique qu'inféodée, feront tenus, conformément à l'article III du Décret des 14 & 20 Avril dernier, par Nous sanctionné, de la payer la présente année seulement à qui de droit, en la manière accoutumée, c'est-à-dire, en nature & à la quotité d'usage, sauf l'exécution des abonnemens en argent, constatés par titre, ou volontairement faits.

II. Les redevables des champarts, terrages, arrages, agriers, complants, & de toutes autres redevances payables en nature, qui n'ont pas été supprimées fans indemnité, feront également tenus de les payer, la préfente année & les fuivantes jufqu'au rachat, en la manière accoutumée, c'eft à dire, en nature & à la quotité d'ufage, fauf auffi l'exécution des abonnemens conftatés par titres ou volontairement faits, conformément aux Décrets fur les droits féodaux, des 15 Mars & 3 Mai derniers, par Nous fanctionnés.

III. Nul ne pourra, fous prétexte de litige, refufer le payement de la Dixme accoutumée d'être payée, ni des champarts, terrages, agriers, complants, ou d'autres redevances de cette efpèce, auffi accoutumées d'être payées, & énoncées dans l'article II du titre III dudit Décret du 15 Mars dernier, que Nous avons fanctionné, fauf à ceux qui fe trouveront en conteftations, à les faire juger, ce qu'ils ne pourront faire, quant aux Dixmes & Champarts nationaux, que contradictoirement avec le Procureur-Syndic du Diftrict; & en cas qu'il foit décidé que les droits par eux payés n'étoient pas dûs, ils leur feront reftitués.

IV. Ceux qui n'auroient pas payé la Dixme ou les Champarts l'année dernière, pourront être actionnés, lors même qu'il n'y auroit pas eu de demande formée dans l'année.

V. Défenfes font faites à toutes perfonnes quelconques d'apporter aucun trouble à la perception de la Dixme & des Champarts, foit par des écrits, foit par des difcours, des menaces, voies de fait ou autrement, à peine d'être pourfuivies comme perturbateurs du repos public. En cas d'attroupement pour empêcher ladite perception, il y aura lieu de mettre à exécution les articles III, IV & V du Décret du 23 Février dernier, par Nous fanctionné, concernant la fûreté des perfonnes, celle des propriétés & la perception des impôts, & les Municipalités feront tenues de remplir les obligations qui leur font impofées par lefdits articles, fous les peines y portées.

VI. Les Municipalités feront tenues de furveiller, foit la perception des Dixmes, foit l'adminiftration des biens nationaux, chacune dans leur territoire. En conféquence, dans le cas où des Bénéficiers, Corps ou Communautés ne pourroient exploiter les Dixmes & les autres biens qui ne font pas affermés, ou négligeroient de le faire, elles feront tenues de les régir ou de les donner à bail pour la préfente année, & de rendre compte des produits au Directoire du Diftrict ; elles ne pourront cependant empêcher l'exécution d'aucun bail à ferme, fous prétexte qu'il ne doit commencer à courir que de la préfente année.

VII. En cas de dégradations & d'enlèvemens d'effets mobiliers, beftiaux ou denrées, les Municipalités en drefferont procès-verbal, & en feront leur rapport au Directoire du Diftrict, pour être fait telles pourfuites qu'il appartiendra.

VIII. Aucuns Bénéficiers, Corps, Communautés féculières & régulières de l'un & l'autre fexe, Fabriques, Hôpitaux, Maifons de charité, ou autres Etabliffemens publics, ne pourront refufer de faire la déclaration de leurs biens, prefcrite par le Décret du 13 Novembre dernier, que Nous avons fanctionné, ni s'oppofer à l'exécution de l'article XII du Décret des 14 & 20 Avril fuivant, par nous pareillement fanctionné, qui ordonne l'inventaire de leur mobilier, fous quelque prétexte que ce foit ; & dans le cas où les Diftricts ne feroient pas formés, les Municipalités font autorifées à y procéder jufqu'à ce qu'ils le foient. L'Ordre de Malte demeure seul excepté de la difposition concernant l'inventaire ; mais chacun des membres qui le compofent, fera tenu de donner fa déclaration des biens dont il jouit en France, conformément audit Décret du 13 Novembre dernier.

Mandons & ordonnons à tous les Tribunaux, Corps adminiftratifs & Municipalités, que les Préfentes i's faffent tranfcrire fur leurs Regiftres, lire, publier & afficher dans leurs Refforts & Départemens refpectifs, & exécuter comme Loi du Royaume. En foi de quoi Nous avons figné & fait contrefigner cefdites préfentes, auxquelles nous avons fait appofer le Sceau de l'Etat.. A Paris, le vingt-troifième Jour du mois de Juin, l'an de grace mil fept cent quatre-vingt-dix, & de notre règne le dix-feptième. *Signé*, LOUIS. *Et plus bas*, par le Roi, GUIGNARD. Et fcellées du Sceau de l'Etat.

Lettres-Patentes du Roi, fur un Décret de l'Affemblée Nationale, portant établiffement d'une Cour Supérieure provifoire à Dijon.

Données à Paris, le 23 Juin 1790.

LOUIS, par la grâce de Dieu, & par la Loi conftitutionnelle de l'Etat, *Roi des François*: A tous ceux qui ces préfentes Lettres verront ; Salut. L'Affemblée Nationale, inftruite de la ceffation de la Juftice fouveraine dans le reffort du Parlement de Dijon, a décrété le 21 de ce mois, & Nous voulons & ordonnons ce qui fuit :

ARTICLE PREMIER.

Il fera inceffamment & fans délai compofé un Tribunal provifoire à Dijon, pour remplacer la Chambre des Vacations du Parlement de cette ville ; auquel effet il fera pris deux Juges de chacun des Préfidiaux du reffort, deux de la Sénéchauffée de Trévoux, deux Jurifconfultes parmi ceux du Barreau de Dijon, un Jurifconfulte de chaque Ville où les Préfidiaux font établis, & un Jurifconfulte de la ville de Trévoux : lefdits Membres fe réuniront & fe mettront en acti-vité le plus tôt poffible, & commenceront fans délai l'exercice de leurs fonctions. En cas de refus ou d'ab-fence de partie d'entre eux, ils appelleront provifoi-rement & à leur choix, des Avocats pour Affeffeurs. Ils fe diviferont en deux Chambres, dont l'une con-noîtra de toutes les matières civiles, même de celles d'Eaux & Forêts, à quelques fommes qu'elles puiffent monter ; l'autre des matières criminelles. Lefdites Chambres feront préfidées par le plus anciennement ad-mis au ferment d'Avocat, & le même ordre d'ancien-neté règlera la préféance entr'eux.

II. Si parmi les Officiers du Parlement, il s'en trouve qui defirent conferver leurs fonctions, ils feront tenus de le déclarer avant la compofition du Tribunal provifoire ; auquel cas ils ne recevront pas l'honoraire qui fera ci-après fixé, leurs gages leur en tenant lieu, & il fera pris d'autant moins de Jurifconfultes dans les Préfidiaux.

III. La Cour fupérieure provifoire ainfi formée, tiendra fes féances tous les jours, même pendant ceux des fêtes de Palais, & fans aucune vacance. Elle rece-vra les Licenciés en Droit au ferment d'Avocat.

IV. Nos Avocats & Procureurs-généraux rempliront les fonctions ordinaires du miniftère public, tant à l'au-dience qu'à la Chambre du Confeil : en cas d'abfence ou d'empêchement, lefdites fonctions feront remplies par les Subftituts de notre Procureur-général.

V. Les Greffiers, Huissiers, & tous autres Officiers ministériels attachés au Parlement de Bourgogne, continueront leurs fonctions auprès de ladite Cour supérieure provisoire.

VI. Les ci-devant Juges composant le Parlement de Bourgogne remettront au Greffe, dans huit jours après l'entrée en exercice de ladite Cour, les procès & pièces qu'ils peuvent avoir ; & faute à eux de le faire, ils seront poursuivis, à cet effet, à la requête de notre Procureur-Général, ou de l'un de ses Substituts, & condamnés aux dommages & intérêts des parties.

VII. Les honoraires des Juges appelés à composer la Cour supérieure provisoire, seront de douze livres par jour, à compter pour ceux des Villes du ressort, autres que Dijon, du jour de leur départ ; & pour ceux de Dijon, du jour de leur entrée en fonctions. Autorisons les Receveurs des Départemens du ressort à payer par chaque mois lesdits honoraires sur un mandat du Président, signé de notre Procureur-Général, ou l'un de ses substituts. En conséquence, lesdits Juges ne percevront aucuns droits ni épices, sous quelque dénomination que ce soit. Les Substituts, Greffiers & autres Officiers ministériels n'étant point compris dans la fixation des honoraires, continueront de recevoir les émoluments qui leur sont attribués par le titre de leurs offices, ou par les règlemens.

Mandons & ordonnons à tous les Tribunaux, Corps administratifs & Municipalités, du ressort du Parlement de Bourgogne, que les présentes ils fassent transcrire sur leurs Registres, lire, publier, afficher & exécuter dans leurs Ressorts & Départemens respectifs. En foi de quoi Nous avons signé & fait contresigner cesdites Présentes,

Préſentes, auxquelles Nous avons fait appoſer le Sceau de l'État. A Paris, le vingt-troiſième jour du mois de Juin, l'an de grace mil ſept cent quatre-vingt-dix, & de notre règne le dix ſeptième. *Signé* LOUIS. *Et plus bas,* par le Roi, GUIGNARD. Et ſcellées du Sceau de l'État.

Arrêt du Conſeil d'État du Roi, qui caſſe & annulle une Sentence du Bailliage de Rouen, rendue le 9 de cé mois, & ordonne l'exécution proviſoire de celle rendue le 7, par les Officiers Municipaux de Rouen.

Du 25 Juin 1790.

Vu par le Roi en ſon Conſeil, la Sentence rendue par la Municipalité de Rouen, le 2 Juin de la préſente année, par laquelle, ſur le rapport fait par un Com-miſſaire de Police, contre le nommé Julien Martin, Boulanger en ladite Ville de Rouen, & conſtatant que le pain de ſix livres trouvé chez lui, étoit trop léger de quatre onces, le pain de trois livres étoit ſans marque, & trop léger de deux onces, & que le pain dit *la régence,* n'en peſoit que douze au lieu de quatorze, ledit Martin a été condamné en cinquante livres d'amende, avec ſaiſie & confiſcation de ſon pain au profit de l'Hôpital général, & à fermer boutique pendant ſix mois, avec impreſſion & affiche de la Sentence; le Procès-verbal d'exécution de ladite Sentence, en date du 7 Juin, & d'appoſition de ſcellés ſur le bouchoir & fermeture du four. La Sentence rendue au Bailliage de Rouen, le 9 dudit mois de Juin, qui, en recevant l'appel de celle de la Municipalité, ordonne que, proviſoirement, Julien Martin ſera autoriſé à tenir ſa boutique ouverte, à cuire & vendre comme par le paſſé, en ſe conformant aux Règlemens; vu auſſi le Mémoire adreſſé par

Recueil de Décrets. IV. Partie.   M

les Officiers municipaux de la ville de Rouen : Sa Majesté considérant que la Sentence du 9 Juin contient une contravention formelle aux Ordonnances du Royaume, & notamment à l'article 12 du Titre XVII de celui de 1667, & à la Déclaration du 6 Août 1701, qui veulent que » Tous jugemens définitifs ou provisoires, » en matière de Police, soient exécutés, nonobstant » toute opposition ou appellation, & fait défenses aux » Officiers des Cours & autres d'y contrevenir. » Qu'il importe au bon ordre & à la sûreté des Citoyens, à l'exercice efficace de la Police, de veiller à l'exécution de ces différentes loix, & qu'il est indispensable de maintenir la Juridiction qui vient d'être confiée aux Municipalités, de la protéger & de la défendre des entreprises par lesquelles on essaieroit d'y porter atteinte. Ouï le rapport :

Le Roi étant en son Conseil, a ordonné & ordonne que les Ordonnances & Règlemens qui prescrivent l'exécution provisoire des Jugemens rendus en matière de Police, seront exécutés selon leur forme & teneur, a cassé & annullé, casse & annulle la Sentence rendue par le Bailliage de Rouen, sur la requête de Julien Martin, Boulanger en ladite ville, le 9 Juin de la présente année ; ordonne que celle rendue par les Officiers Municipaux de Rouen, le 7 du même mois, sera exécutée suivant sa forme & teneur, jusqu'à ce qu'il ait été statué sur le fond de l'appel interjeté par ledit Martin ; fait défenses Sa Majesté aux Officiers du Bailliage de Rouen & à tous autres d'en rendre à l'avenir de semblable ; charge Sa Majesté le Procureur-général-Syndic de l'Assemblée de Département de la Seine inférieure, de faire signifier le présent Arrêt audit Bailliage, en la personne du Procureur de Sa Majesté, & en celle du Greffier, & de le notifier à la Municipalité ; comme auffi de tenir la main à fon exécution, & de le faire imprimer & afficher par-tout où befoin fera.

Fait au Confeil d'Etat du Roi, Sa Majefté y étant, tenu à Paris, le vingt-cinq Juin mil fept cent quatre-vingt-dix. *Signé* DE SAINT-PRIEST.

Lettres-Patentes du Roi, fur un Décret de l'Affemblée Nationale, concernant les Biens & Dixmes en France & dans l'Étranger, poffédés refpectivement par des Bénéficiers, Corps, Communautés & Propriétaires Laïcs, François & Etrangers.

Données à Paris, le 25 Juin 1790.

LOUIS, par la grace de Dieu, & par la Loi conf-titutionnelle de l'Etat, ROI DES FRANÇOIS : A tous ceux qui ces préfentes Lettres verront ; SALUT. L'Affem-blée Nationale inftruite qu'il s'élève des difficultés fur la jouiffance des Bénéficiers, Corps & Communautés étrangers, des biens qu'ils pofsèdent en France, a dé-crété le 21 de ce mois, & Nous voulons & ordon-nons ce qui fuit :

ARTICLE PREMIER.

LES Bénéficiers, Corps & Communautés étrangers, ainfi que les Propriétaires Laïcs des dixmes inféodées, également étrangers, continueront de jouir la préfente année, comme par le paffé, des biens & dixmes qu'ils pofsèdent en France. En conféquence, les Affemblées adminiftratives, de même que les Municipalités, s'abf-tiendront, à l'égard defdits biens & dixmes, de toute adminiftration ou régie prefcrite par les précédens Dé-crets que nous avons fanctionnés. Déclarons nulles &

M 2

comme non avenues, toutes délibérations prifes par les
Municipalités, qui feroient contraires à la teneur, tant
des préfentes que des Décrets des 14 & 20 Avril dernier, & 18 de ce mois, par Nous pareillement fanctionnés.

II. Quant aux dixmes & biens poffédés dans l'étranger par des Bénéficiers, Corps & Communautés François; ceux qui font en ufage de les faire valoir par eux-
mêmes, continueront de les faire exploiter la préfente
année, à charge de rendre compte des produits au Directoire des Diftricts où fe trouvera le manoir du bénéfice, ou le Chef-lieu de l'établiffement; finon les
mêmes Directoires, &, en attendant qu'ils foient formés,
les Municipalités des Chefs-lieux des Diftricts, feront
ladite exploitation. Lefdits Directoires ou Municipalités
feront pareillement la recette des prix de ferme de ceux
des biens en queftion qui font affermés. Ils en acquitteront les dépenfes, le tout par eux-mêmes ou par des
Prépofés qu'ils pourront établir où bon leur femblera.

Seront tenus les Bénéficiers, Corps & Communautés
François, de faire aux Directoires des Diftricts, ou
aux Municipalités des Chefs-lieux de ceux qui ne feront
pas formés, la déclaration des biens, dixmes & droits
qu'ils poffèdent dans l'étranger.

Mandons & ordonnons à tous les Tribunaux, Corps
adminiftratifs & Municipalités, que les préfentes ils
faffent tranfcrire fur leurs Regiftres, lire, publier & afficher dans leurs Refforts & Départemens refpectifs,
& exécuter comme Loi du Royaume. En foi de quoi
Nous avons figné & fait contrefigner cefdites préfentes; auxquelles Nous avons fait appofer le Sceau de
l'Etat. A Paris, le vingt-cinquième jour du mois de Juin,
l'an de grace mil fept cent quatre-vingt dix, & de

notre règne le dix-septième. *Signé*, LOUIS. *Et plus bas par le Roi*, GUIGNARD. Et scellées du Sceau de l'Etat.

Lettres Patentes du Roi, sur le Décret de l'Assemblée Nationale, du 13 Juin 1790, portant que les deniers des Dons patriotiques continueront à être versés aux Payeurs des Rentes de l'Hôtel-de-Ville de Paris ; & qui détermine les payemens auxquels ils pourront être employés.

Données à Paris, le 25 Juin 1790.

LOUIS, par la grâce de Dieu, & par la Loi constitutionnelle de l'Etat, Roi des François : A tous ceux qui ces présentes Lettres verront ; Salut : L'Assemblée Nationale a décrété le 13 du présent mois, & Nous voulons & ordonnons ce qui suit :

ARTICLE PREMIER.

Les deniers des dons patriotiques continueront à être versés aux Payeurs des rentes de l'Hôtel-de-Ville de Paris ; mais ils pourront être employés à l'avenir au payement des arrérages de l'année entière 1789, des rentes de trois cents livres & au-dessous, à toutes lettres.

II. Les Payeurs des rentes continueront à exiger la représentation des *duplicata* des quittances d'imposition de six livres & au-dessous ; mais Nous les autorisons à payer dans la proportion désignée au précédent article, les Rentiers qui seront indiqués comme nécessiteux par les certificats des Municipalités ou Districts, des Curés des Paroisses ou des Administrateurs des Hôpitaux & Maisons Hospitalières.

M 2

III. Les deniers comptans des dons patriotiques seront employés, autant qu'ils pourront suffire, au payement des rentes & appoints au-dessous de deux cents livres; & quant aux rentes de deux cents livres jusqu'à trois cents livres, si elles sont payées en Assignats, les intérêts échus à ces billets depuis le 15 Avril dernier jusqu'au payement, seront retenus par les Payeurs, qui en compteront sur la mention qui aura été faite de ces retenues par eux & leurs Contrôleurs sur le Registre de leurs Contrôles, dont lesdits Payeurs fourniront des états tous les trois mois aux Trésoriers des dons patriotiques.

Mandons & ordonnons à tous les Tribunaux, Corps administratifs & Municipalités, que les présentes ils fassent transcrire sur leurs Registres, lire, publier & afficher dans leurs Ressorts & Départemens respectifs, & exécuter. En foi de quoi Nous avons signé & fait contre-signer cesdites Présentes, auxquelles Nous avons fait apposer le Sceau de l'Etat. A Paris, le vingt-cinquième jour du mois de Juin, l'an de grâce mil sept cent quatre-vingt-dix & de notre règne le dix-septième. *Signé* LOUIS. *Et plus bas*, par le Roi, DE SAINT-PRIEST. Vu au Conseil, LAMBERT. Et scellées du Sceau de l'Etat.

Proclamation du Roi, concernant l'échange des Billets de la Caisse d'Escompte en Assignats.

Du 17 Juin 1790.

LE ROI s'étant fait rendre compte des progrès des différentes opérations relatives à la confection des Assignats, Sa Majesté a reconnu que quoique cette confection fût très-prochaine, les Assignats cependant ne pourroient point être délivrés qu'après le premier Juillet;

& Sa Majesté voulant prévenir toute incertitude & toute erreur sur le sort des billets de la Caisse d'Escompte à ladite époque du premier Juillet, Elle a cru devoir rappeler les dispositions des Décrets qui les concernent.

Il a été décrété par l'article XII des Décrets des 16 & 17 Avril dernier, sanctionnés par Sa Majesté le 22, que les Porteurs des billets de la Caisse d'Escompte feroient échanger ces billets contre des Assignats de même somme, à la Caisse de l'Extraordinaire ; avant le 15 Juin lors prochain ; mais par le Décret du 23 Mai dernier aussi sanctionné par le Roi, l'Assemblée Nationale, sur le compte qui lui a été rendu par ses Commissaires, des retards inévitables qu'a éprouvés la fabrication des Assignats, tant par les précautions à prendre pour la sûreté publique, que par les signatures nécessaires à y apposer, a prorogé jusqu'au 15 d'Août de cette année, le terme de rigueur qui avoit été fixé au 15 Juin pour cet échange. Enfin l'Assemblée Nationale, par l'article XI desdits Décrets des 16 & 17 Avril dernier, a ordonné que les Quatre cents millions d'Assignats, créés par les Décrets des 19 & 21 Décembre 1789, seroient employés à l'échange des Billets de la Caisse d'Escompte, jusqu'à concurrence des sommes qui lui sont dûes. Les billets de ladite Caisse d'Escompte ayant dès-lors rempli la fonction d'Assignats, conformément à l'article XVI desdits Décrets des 16 & 17 Avril dernier, elle ne peut plus être tenue d'effectuer ses payemens à bureau ouvert à l'époque du premier Juillet, ainsi qu'il avoit été prescrit par l'article premier du Décret du 19 Décembre, & cette disposition se trouve complètement remplacée par l'échange qui doit se faire desdits billets contre des Assignats à la Caisse de l'Extraordinaire, dans le délai fixé par le Décret du 24 Mai dernier. Se réserve au surplus Sa Majesté de faire con-

M 4

noître inceſſamment l'époque préciſe à laquelle cet échange pourra commencer à la Caiſſe de l'Extraor-dinaire.

Fait à Paris, le vingt-ſept Juin mil ſept cent quatre-vingt-dix. *Signé* LOUIS. *Et plus bas*, par le Roi, DE SAINT-PRIEST.

Lettres-Patentes du Roi, ſur le Décret de l'Aſſemblée Nationale, du 26 Juin 1790, concernant la percep-tion des droits d'Aides à Beauvais; ſur les beſtiaux, les jours de Francs-marchés; & portant injonction à la Municipalité de maintenir le régime & la police deſdits Francs-marchés, & de veiller au maintien des exercices de tous les autres droits d'Aides, & à la ſuite de leurs recouvremens

Données à Saint-Cloud, le 28 Juin 1790.

LOUIS, par la grace de Dieu, & par la Loi conſtitu-tionnelle de l'Etat, *Roi des François*: A tous ceux qui ces préſentes Lettres verront; Salut. L'Aſſemblée Natio-nale, après avoir entendu le rapport de ſon Comité des Finances, a décrété, le 26 Juin préſent mois, & Nous voulons & ordonnons ce qui ſuit:

Les droits d'Aides, tels qu'ils ont été ci-devant per-çus à Beauvais ſur les beſtiaux, les jours de francs-marchés, continueront de l'être ſur le même pied ſur les beſtiaux vendus & deſtinés pour ladite Ville, Fauxbourgs & autres lieux ſujets en dépendans.

Et à l'égard des ventes faites à toutes perſonnes étran-gères auxdits lieux ſujets, elles ſeront exemptes de tous droits généralement quelconques, à moins que les acheteurs n'y faſſent entrer les beſtiaux provenant deſdits achats.

Enjoignons à la Municipalité de maintenir le régime & la police établie de tous temps dans les francs-marchés dudit Beauvais; & d'avoir la plus grande ſurveillance pour le maintien des exercices de tous les autres droits d'Aides, & la ſuite de leurs recouvremens.

Mandons & ordonnons à tous les Tribunaux, Corps adminiſtratifs & Municipalités, que les préſentes ils faſſent tranſcrire ſur leurs Regiſtres, lire, publier & afficher dans leurs Reſſorts & Départemens reſpectifs, & exécuter comme Loi du Royaume. En foi de quoi Nous avons ſigné & fait contreſigner ceſdites Préſentes, auxquelles Nous avons fait appoſer le ſceau de l'Etat. A Saint-Cloud, le vingt-huit Juin, l'an de grace mil ſept cent quatre-vingt dix, & de notre règne le dix-ſeptième. *Signé*, LOUIS. *Et plus bas*, Par le Roi, GUIGNARD. Vu au Conſeil, LAMBERT. Et ſcellées du ſceau de l'Etat.

Proclamation du Roi, ſur un Décret de l'Aſſemblée Nationale, du 20 Mai 1790, portant qu'à l'avenir il ne ſera reçu dans les Galères de France, aucune perſonne condamnée par des Jugemens étrangers.

Du 27 Mai 1790.

Vu par le Roi le Décret dont voici la teneur:

Décret de l'Aſſemblée Nationale, du 20 Mai 1790.

L'Aſſemblée Nationale, après avoir entendu ſon Comité des Rapports, a décrété & décrète ce qui ſuit:

ARTICLE PREMIER.

Qu'à l'avenir il ne ſera reçu dans les Galères de

France, aucune perſonne condamnée par des Jugemens étrangers.

II. Que ſon Préſident ſe retirera par-devers le Roi, pour le ſupplier de donner des ordres pour que les nommés *Sudan & Haguenot*, Fribourgeois, actuellement détenus aux Galères à Breſt, ſoient mis en liberté dans la huitaine du jour de la ſanction du préſent Décret.

III. Que Sa Majeſté ſera également ſuppliée de faire connoître les diſpoſitions du préſent Décret aux Puiſ-ſances dont les Sujets ſont actuellement détenus aux Ga-lères de France.

Le Roi a ſanctionné & ſanctionne ledit Décret, pour être exécuté ſuivant ſa forme & teneur.

Fait à Paris, le vingt-ſept Mai mil ſept cent quatre-vingt-dix. *Signé*, LOUIS. *Et plus bas*, Par le Roi, LA LUZERNE.

Proclamation du Roi, sur le Décret de l'Assemblée Na-
tionale, du premier Juin 1790, qui ordonne aux Re-
ceveurs-généraux des Finances, & à ceux des Imposi-
tions de la Ville de Paris, de fournir chaque mois un
État de leur Recette, tant sur l'arriéré de 1789 &
années antérieures, que sur les Impositions de 1790.

Du 20 Juin 1790.

Vu par le Roi le Décret dont la teneur suit :

Décret de l'Assemblée Nationale, du premier Juin 1790.

L'Assemblée Nationale décrète que chaque mois les Receveurs-généraux des Finances, & ceux des Impositions de Paris, fourniront un état de leur Rece**e, tant sur l'arriéré des Rôles de 1789, & années antérieures, en énonçant le montant de l'arriéré restant à rentrer, que sur les recouvremens à compte de ceux de 1790.

Ils désigneront dans ces états les sommes reçues de chaque Receveur particulier, & si elles l'ont été en espèces, assignats, promesses d'assignats, ou lettres-de-change.

Ces états seront imprimés & distribués chaque mois aux Membres de l'Assemblée, avec les états généraux de Recette du Trésor public, pendant le même mois.

Le Roi a sanctionné & sanctionne ledit Décret, pour être exécuté selon sa forme & teneur.

Fait à Paris, le vingt Juin mil sept cent quatre-vingt-dix. *Signé,* LOUIS. *& plus bas,* par le Roi, GUI-GNARD.

Lettres-Patentes du Roi, sur le Décret de l'Assemblée Nationale, pour mettre les nouveaux Corps administratifs en activité.

Données à Saint-Cloud, le 1 Juillet 1790.

Louis, par la grace de Dieu, & par la Loi constitutionnelle de l'État, *Roi des François:* A tous ceux qui ces présentes Lettres verront; Salut. L'Assemblée Nationale a décrété, les 28 & 30 du mois dernier, & Nous voulons & ordonnons ce qui suit:

ARTICLE PREMIER.

Les Membres déjà nommés, & ceux qui vont l'être successivement pour composer les Administrations de Département & de District, tiendront incessamment une première Assemblée dans laquelle ils nommeront leur Président, leur Secrétaire, & les Membres du Directoire, après avoir prêté le serment civique.

II. Dans les anciennes Provinces qui avoient une administration commune, les Membres des nouveaux Corps administratifs nommeront aussi les Commissaires qui seront chargés de la liquidation des affaires générales, aux termes du dernier article du Décret du 22 Décembre dernier par Nous accepté, sur la constitution des Assemblées administratives.

III. Ces nominations étant faites, les Membres des Administrations de Département & de District se sépareront pour se réunir tous en *session de conseil*, à la même époque qui sera, pour cette fois, celle du 15 Septembre prochain pour toutes les Administrations.

de District, & celle du premier Octobre pour toutes les Administrations de Département.

IV. Les Directoires de Département s'occuperont, pendant cet intervalle, de se faire remettre les papiers & renseignemens relatifs au Département, d'en faire l'examen, pour être en état d'en présenter les résultats généraux à la prochaine Assemblée du Conseil, & de distribuer à chaque Directoire de District, ceux qui pourront le concerner.

V. Ils feront former un état ou tableau de toutes les Municipalités dont leur Département est composé, avec indication, tant du montant de la population active, que de celui des impositions de chaque Municipalité.

VI. Ils feront dresser également un tableau des routes de leur Département, avec désignation de l'état dans lequel elles se trouvent, & de la situation, tant des ouvrages d'*art*, que de ceux ci-devant dits *corvée*, qui sont autorisés & mis en confection sur les fonds de 1790 ; ils feront dresser pareillement un tableau des ports de mer, des rivières navigables & canaux de leur Département, avec désignation de l'état dans lequel ils se trouvent, & de la situation des ouvrages d'art, pour les parties dont la dépense est à la charge des Administrations.

VII. Ils suivront les dispositions faites pour l'emploi, tant de ces fonds, que de ceux destinés aux atteliers de charité & autres secours de bienfaisance, aux frais d'administration, & aux autres dépenses qui concernent la généralité du Département pour l'année 1790.

VIII. Ils veilleront, suivant l'instruction qui leur sera envoyée, à ce que tous les rôles, tant des impositions ordinaires, que ceux de supplément sur les ci-devant Privilegiés, & ceux de la Contribution patriotique, soient inceſſamment achevés, vérifiés & mis en recouvrement.

IX. Ils exécuteront les diſpoſitions du Décret de l'Aſſemblée Nationale, du 2, Mai dernier, que nous avons ſanctionné, pour conſtater les inégalités, erreurs ou doubles emplois qui peuvent avoir eu lieu dans le dernier Département des impoſitions ordinaires entre les Municipalités.

X. Ils examineront & jugeront les requêtes des contribuables, en *décharge*, ou *réduction*, ou *remiſe*, ou *modération*.

XI. Ils s'occuperont auſſi des demandes relatives aux reconſtructions & réparations d'Egliſes ou de Presbytères, & autres objets de dépenſes locales, ſoit pour faire exécuter les dépenſes déjà autoriſées, ſoit pour vérifier, accorder ou refuſer celles ſur leſquelles il n'a pas encore été prononcé.

XII. Ils vérifieront & termineront conformément aux Décrets conſtitutionnels par Nous acceptés, toutes les demandes relatives à la formation, organiſation & réunion des Municipalités.

XIII. Ils ſe conformeront aux inſtructions qui leur ſeront données ſur tout ce qui concerne l'adminiſtration & la vente des biens nationaux.

XIV. Et généralement les Directoires des Départemens feront, tant par eux-mêmes que par l'entremiſe des Directoires de Diſtrict qui leur ſont ſubordonnés, tout ce qui ſera néceſſaire & pourra leur être preſcrit, ſoit pour la continuation du ſervice de 1790, ſoit pour l'exécution des Décrets déjà rendus & par Nous ſanctionnés, & de ceux qui pourront l'être dans le cours

de la préfente Seffion, & que Nous aurons pareillement fanctionnés.

Mandons & ordonnons à tous les Tribunaux, Corps
adminiftratifs & Municipalités, que les Préfentes ils
faffent tranfcrire fur leurs Regiftres, lire, publier &
afficher dans leurs Reflorts & Départemens refpectifs,
& exécuter comme Loi du Royaume. En foi de quoi
Nous avons figné & fait contrefigner cefdites Préfentes,
auxquelles Nous avons fait appofer le Sceau de l'État.
A St. Cloud, le deuxième jour du mois de Juillet, l'an de
grace mil fept cent quatre-vingt-dix, & de notre règne
le dix feptième. *Signé* LOUIS. *Et plus bas*, par le Roi,
GUIGNARD. Et fcellées du Sceau de l'État.

*Lettres-Patentes du Roi, fur un Décret de l'Affemblée
Nationale, concernant l'intitulé des Délibérations des
Corps adminiftratifs.*

Données à Paris le 27 Juin 1790.

LOUIS, par la grace de Dieu, & par la Loi conftitutionnelle de l'Etat, *Roi des François*: A tous ceux
qui ces Préfentes Lettres verront; SALUT. L'Affemblée
Nationale, après avoir entendu le rapport de fon Comité de Conftitution, a décrété le 24 de ce mois, &
Nous voulons & ordonnons ce qui fuit:

ARTICLE PREMIER.

Nul Corps adminiftratif ne pourra employer dans
l'intitulé & dans le difpofitif de fes Délibérations, l'ex-
preffion de *Décret*, confacrée aux actes du Corps légiflatif. Il doit employer le terme de *Délibération*.

II. Il ne pourra également prononcer qu'il met les personnes & les biens *de tels ou tels particuliers* sous la sauve-garde de la Loi & du Département, parce que les unes & les autres y sont nécessairement. Il pourra seulement rappeler que les personnes & les propriétés sont sous la garde des Loix.

III. S'il est du devoir des Corps administratifs & municipaux de veiller au maintien de la tranquillité publique, & de requérir, dans le cas de nécessité, le secours de la force armée, ils ne peuvent faire aucune disposition législative relativement aux Gardes Nationales.

Mandons & ordonnons à tous les Tribunaux, Corps administratifs & Municipalités, que les présentes ils fassent transcrire sur leurs Registres, lire, publier & afficher dans leurs Ressorts & Départemens respectifs, & exécuter comme Loi du Royaume. En foi de quoi Nous avons signé & fait contresigner cesdites Présentes, auxquelles Nous avons fait apposer le Sceau de l'Etat. A Paris, le vingt-septième jour du mois de Juin, l'an de grace mil sept cent quatre-vingt dix, & de notre règne le dix-septième. *Signé*, LOUIS. *Et plus bas*, par le Roi, GUIGNARD. Et scellées du Sceau de l'Etat.

Lettres-Patentes du Roi, sur un Décret de l'Assemblée Nationale, interprétatif des Décrets précédens, concernant les Prés soumis à la vaine pâture.

Données à Paris, le 30 Juin 1790.

LOUIS, par la grâce de Dieu, & par la Loi constitutionnelle de l'Etat, *Roi des François :* A tous ceux qui ces présentes Lettres verront ; Salut. L'Assemblée Nationale

Nationale, inftruite que plufieurs perfonnes, par une faufle interprétation de fes Décrets, que nous avons fanctionnés, prétendent que tous les Prés indiftincte-ment doivent être foumis à la vaine pâture, immédia-tement après l'enlèvement de la première herbe, dé-clare qu'elle n'a rien innové aux difpofitions coutu-mières, règlemens & ufages antérieurs, relatifs à la défenfe des Prés ; en conféquence, a décrété le 26 de ce mois, & Nous voulons & ordonnons ce qui fuit :

Tous Propriétaires de Prés clos, ou qui, fans être clos, étoient ci-devant poffédés à deux ou plufieurs herbes, continueront de jouir, conformément aux loix, règlemens & ufages obfervés dans chaque lieu, du droit de couper & récolter les fecondes, troifièmes ou quatrièmes herbes, ainfi qu'ils ont fait par le paffé. Fait défenfes à toutes perfonnes de troubler lefdits Pro-priétaires de Prés, dans leur poffeffion & jouiffance ; le tout fans rien innover aux ufages des Pays où la vaine pâture n'a pas lieu.

Ordonnons, en outre, que la lecture des préfentes fera faite au Prône dans toutes les Paroiffes.

Mandons & ordonnons à tous les Tribunaux, Corps adminiftratifs & Municipalités, que les Préfentes ils faffent tranfcrire fur leurs Regiftres, lire, publier & afficher dans leurs Reffotts & Départemens refpectifs, & exécuter comme Loi du Royaume. En foi de quoi Nous avons figné & fait contrefigner cefdites Préfentes, auxquelles Nous avons fait appofer le Sceau de l'Etat. A Paris, le trentième jour du mois de Juin, l'an de grâce mil fept cent quatre-vingt-dix, & de notre règne le dix-feptième. *Signé*, LOUIS. *Et plus bas*, par le Roi, GUIGNARD. Et fcellées du Sceau de l'Etat.

Proclamation du Roi, sur un Decret de l'Assemblée Nationale, relatif au Lieutenant-général de Crécy.

Du 2 Juilllet 1790.

Vu par le Roi le Décret dont la teneur suit:

Decret de l'Assemblée Nationale, du 20 Avril 1790.

L'Assemblée Nationale, après avoir entendu son Comité des Rapports, déclare que tout Citoyen qui n'est prévenu d'aucun délit, doit jouir tranquillement de sa liberté & de son état, & être en sûreté sous la sauvegarde de la Loi; en conséquence, que la Municipalité de Crécy auroit dû & doit employer tous les moyens qui sont en son pouvoir, pour faire jouir le sieur de la Borde, Lieutenant-général de cette Ville, des droits appartenant à tous les Citoyens.

Décrète, en outre, que son Président écrira à la Municipalité de Crécy, que l'Assemblée improuve les délibérations prises par les Habitans de cette Ville, les 14 Décembre & 3 Janvier derniers, par lesquelles ils ont voulu flétrir la réputation & l'honneur du sieur de la Borde.

Le Roi a sanctionné & sanctionne ledit Décret; en conséquence, Sa Majesté mande & ordonne aux Officiers municipaux de la Ville de Crécy, d'employer tous les moyens qui sont en leur pouvoir pour faire jouir le sieur de la Borde, Lieutenant-général de cette Ville, des droits appartenant à tous les Citoyens.

Fait à St. Cloud, le 2 Juillet mil sept cent quatre-vingt-dix. *Signé*, LOUIS. *Et plus bas*, par le Roi, GUIGNARD.

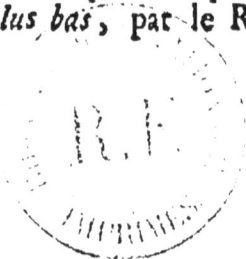

TABLE
ALPHABÉTIQUE,
DES Décrets sanctionnés ou acceptés par le Roi.

IVe. PARTIE.

A

ADMINISTRATIFS (Corps.) Décret pour les mettre en activité, page 188; détail de leurs fonctions, page 188 & *suiv.*; intitulé de leurs Déliberations fixé, page 191.

Agriers. Voyez *Dîme.*

Aides (droits d'). Voyez *Beauvais,*

Allier (Département de l'). Décret concernant les poursuites à exercer & les précautions à prendre contre les brigands & les imposteurs qui séduisent, trompent & soulèvent le Peuple, notamment dans les Départemens du *Cher*, de l'*Allier*, de la *Nièvre*, & de la *Corrèze*, page 79.

Annuités. Instruction pour leur paiement & leur remboursement, page 75 & *suiv.*

Armes. Décret concernant le port d'armes, page 116.

Arrages. Voyez *Dîme.*

Assemblée de Département. La connoissance des contestations & difficultés qui pourroient s'élever en matière d'Impôt direct, leur est renvoyée provisoirement, page 104.

— Décret pour la suite & l'accélération des opérations des Commissaires du Roi chargés de leur établissement, page 115.

Assignats. Échange des Billets de la Caisse d'Escompte en Assignats, p. 182.

N 3

E.

TABLE.

M.

N.

Fin de la Table.

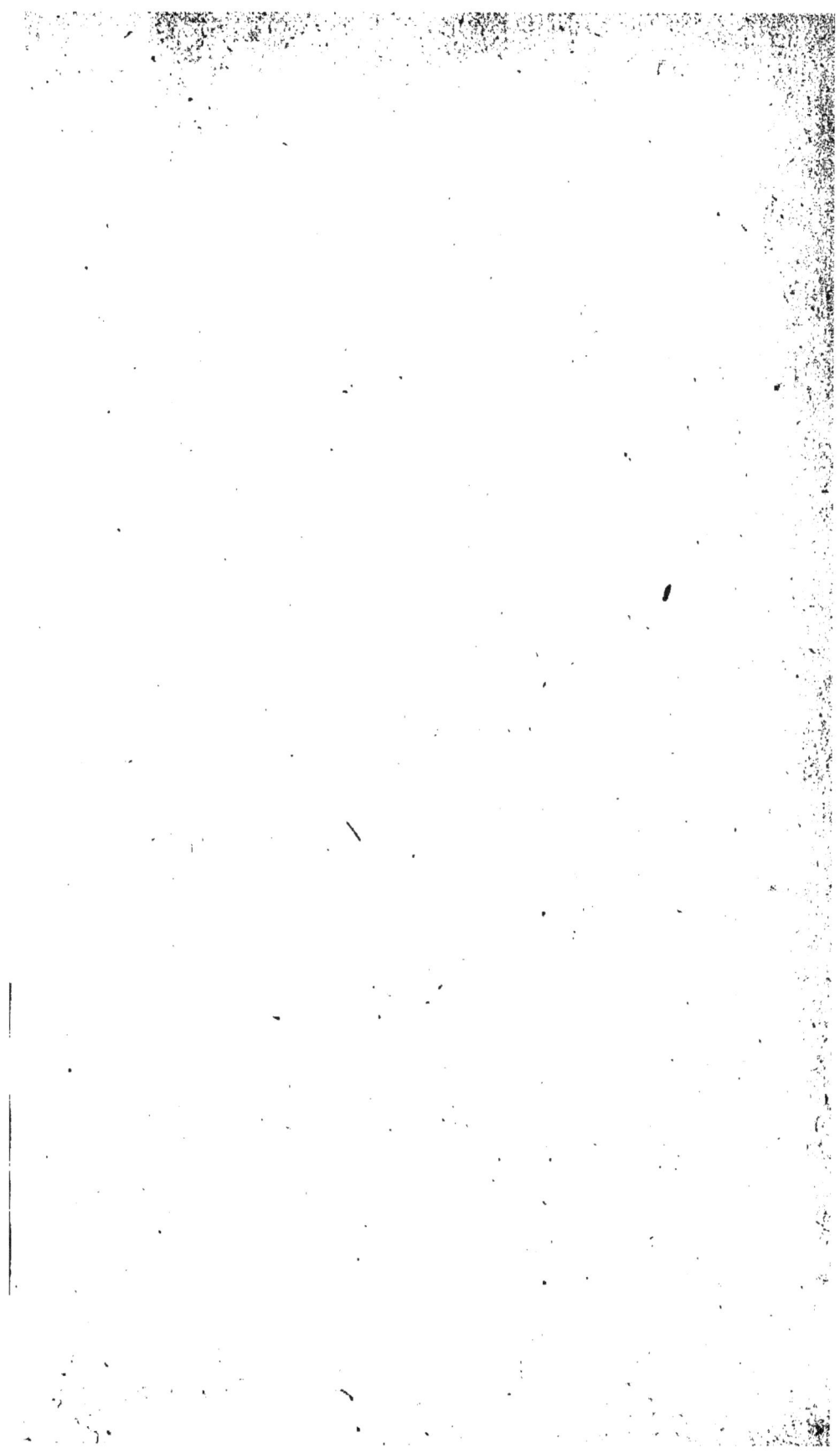

www.ingramcontent.com/pod-product-compliance
Lightning Source LLC
Chambersburg PA
CBHW070543200326
41519CB00013B/3105